Quick Guide

Quick Guides liefern schnell erschließbares, kompaktes und umsetzungsorientiertes Wissen. Leser erhalten mit den Quick Guides verlässliche Fachinformationen, um mitreden, fundiert entscheiden und direkt handeln zu können.

Weitere Bände in der Reihe http://www.springer.com/series/15709

Georg Loscher

Quick Guide People Analytics

Wie Sie das Personalmanagement verändern können

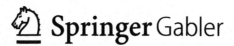

Georg Loscher
Universität der Bundeswehr München
Neubiberg, Deutschland

ISSN 2662-9240   ISSN 2662-9259   (electronic)
Quick Guide
ISBN 978-3-658-34730-7   ISBN 978-3-658-34731-4   (eBook)
https://doi.org/10.1007/978-3-658-34731-4

Die Deutsche Nationalbibliothek verzeichnet diese Publikation in der Deutschen Nationalbibliografie; detaillierte bibliografische Daten sind im Internet über http://dnb.d-nb.de abrufbar.

Planung/Lektorat: Ann-Kristin Wiegmann
Springer Gabler ist ein Imprint der eingetragenen Gesellschaft Springer Fachmedien Wiesbaden GmbH und ist ein Teil von Springer Nature.
Die Anschrift der Gesellschaft ist: Abraham-Lincoln-Str. 46, 65189 Wiesbaden, Germany

Vorwort

People Analytics kann als eine der wesentlichen Innovationen im Personalmanagement betrachtet werden. Dieser Quick Guide hat sich daher die Aufgabe gestellt, einen Überblick über Chancen von People Analytics für das Personalmanagement, über grundlegende Überlegungen bei der Einführung von People Analytics sowie über erste Anwendungen und deren Potenziale in der Praxis zu geben. Dabei dient der Quick Guide dazu, Interesse für diese noch junge Disziplin des Personalmanagements zu wecken und dem Leser erste Informationen für die Bewertung von People Analytics als Innovation zu liefern. Er soll sowohl für interessierte (Personal-)Praktiker als auch Studierende die vielfältigen Quellen und Studien zusammenfassen und so handlungsorientiertes Wissen bereitstellen.

Der Quick Guide basiert auf der Vorlesung „People Analytics" an der Universität der Bundeswehr München und ist nicht zuletzt aus den vielfältigen Diskussionen mit Studierenden entstanden. Herrn Professor Dr. Stephan Kaiser gilt mein herzlicher Dank, da er mich bereits frühzeitig für diesen neuen Trend begeisterte, mich sowohl in der Lehre als auch der Forschung zu People Analytics vollumfänglich unterstützt und die Entstehung dieses Buches mit wichtigen Anmerkungen und Einsichten bereicherte. Frau Dr. Verena Bader danke ich für die kritische Durchsicht des Manuskripts und die Diskussionen zum Thema, Herrn Martin Giehrl, Herrn Andreas Loscher und Herrn Kilian Nebe danke ich für die Anmerkungen und Rückmeldungen zum Buch.

Einen nicht zu unterschätzenden Beitrag für mein Verständnis des Themas liefern die Diskussionen im Erfahrungsaustauschkreis „People Analytics" der Deutschen Gesellschaft für Personalführung (DGFP) e. V., stellvertretend für die vielen spannenden und einsichtsreichen Gespräche und Präsentationen möchte ich Herrn Christian Lorenz danken.

München   Dr. Georg Loscher
im Herbst 2021

Inhaltsverzeichnis

1   **Einleitung**   1
    Literatur   5

2   **Chancen und Risiken für das Personalmanagement durch
People Analytics**   7
    2.1   Ausgangssituation im Personalmanagement: Quanti-
fizierbarkeit als grundlegendes Problem   8
    2.2   Voraussetzungen im Personalmanagement für die
Anwendung von People Analytics   12
    2.3   Veränderungen im Personalmanagement durch People
Analytics   15
    2.4   Typische Barrieren bei der Einführung von People
Analytics   19
    2.5   Ethische und rechtliche Problemfelder der Einführung
von People Analytics   23
    Literatur   28

3   **People Analytics in der betrieblichen Praxis**   31
    3.1   Der Business Case für People Analytics   31

3.2   Vorgehensmodell für People-Analytics-Projekte   37
3.3   Datengrundlagen für People Analytics   40
    3.3.1   Quellsysteme für Analysen   41
    3.3.2   Datenverfügbarkeit und Datenqualität   43
    3.3.3   Von den Rohdaten zur Entscheidung: Vorteile
        automatisierter Datenbereitstellung   46
3.4   Methodische Grundlagen von People Analytics   48
    3.4.1   Reifegrade von Methoden der People
        Analytics   48
    3.4.2   Klassische sozialwissenschaftlich-statistische
        Methoden   50
    3.4.3   Big-Data-Verfahren   53
3.5   Grundlegende Entscheidung: Effizienz oder tiefgehende
    Analyse   55
    3.5.1   Dashboards zur effizienten Bereitstellung
        standardisierter Kennzahlen   55
    3.5.2   Tiefgehende Analysen zur Lösung von
        komplexen Problemstellungen   56
    3.5.3   Kombination von Dashboards und tiefgehenden
        Analysen zur Entwicklung eines längerfristigen
        Mehrwerts von People Analytics   57
Literatur   59

**4   Potenziale in den Handlungsfeldern des Personal-
managements**   61
4.1   Verbesserte Informationsgrundlagen für Personalent-
    scheidungen   62
4.2   Potenziale von People Analytics in der strategischen
    Personalplanung   67
4.3   Potenziale von People Analytics in der Akquisition und
    dem Retention Management   73
4.4   Potenziale von People Analytics in der Performance-
    Steuerung   80

4.5   Potenziale von People Analytics in der Personalent-
      wicklung und Laufbahnplanung.   85
4.6   Zusammenfassung   89
Literatur   91

5 Fazit   93

1

Einleitung

Was Sie aus diesem Kapitel mitnehmen

- Warum People Analytics eine zentrale Innovation des Personalmanagements ist.
- Welche Rolle die Digitalisierung dabei spielt.
- Warum durch People Analytics der Wertbeitrag von Mitarbeitern und dem Personalmanagement deutlicher wird.

Beispiel – eine typische Herausforderung im Personalmanagement

Herr Meier steht vor einer großen Herausforderung. Als Personalleiter eines mittelständischen Unternehmens mit 1200 Mitarbeitern[1] hat er Gerüchte über eine aufkommende Kündigungswelle in seiner Belegschaft gehört. Einige Teamleiter und Filialleiter hatten ihn in den letzten Tagen auch schon angesprochen, dass gerade etwas in der Belegschaft nicht stimme. Zwar ist ihm daher dieses Gerücht nicht neu und dennoch hat er,

---

[1] Aus Gründen der besseren Lesbarkeit wird im Text verallgemeinernd das generische Maskulinum verwendet. Diese Formulierungen umfassen gleichermaßen Personen jeden Geschlechts; alle sind damit selbstverständlich gleichberechtigt angesprochen.

© Der/die Autor(en), exklusiv lizenziert durch Springer Fachmedien Wiesbaden GmbH, ein Teil von Springer Nature 2021
G. Loscher, *Quick Guide People Analytics,* Quick Guide,
https://doi.org/10.1007/978-3-658-34731-4_1

wie sich noch herausstellen wird, keine Ahnung, wie problematisch die Lage wirklich war. Er und sein Team können auch gar nicht überall sein, denn die vielen Filialen und der regional verteilte Vertriebsaußendienst hatten wenig Kontakt zur Personalabteilung. Zu allem Überfluss hat der Geschäftsführer des Unternehmens, Dr. Müller, nun einen Termin mit ihm angesetzt.

Die Befürchtungen von Herrn Meier werden wahr. In dem Termin mit Dr. Müller wird er zu den aktuellen Kündigungen befragt und gerade er als Personalleiter muss passen. Er hat zwar die Fluktuationszahlen des letzten Jahres dabei, aber viel mehr kann er Dr. Müller auch nicht sagen. Dr. Müller ist darüber sehr wütend. Als ehemaliger Wirtschaftsprüfer mit jahrelangen Erfahrungen im Controlling und in Finanzabteilungen kann Dr. Müller es nicht leiden, wenn keine detaillierten Analysen vorgelegt werden. Herr Meier muss sich von Herrn Dr. Müller bei diesem Termin einiges anhören, unter anderem empört sich der Geschäftsführer laut: „Diese Inkompetenz, Zahlen zu liefern, immer nur Vermutungen, Bauchgefühle und keine Ahnung! Wozu zahle ich eigentlich eine Personalabteilung, wenn sie mich nicht vor der Kündigung unserer Topvertriebler warnt und dann nicht mal sagen kann, warum die Leute gehen! Wie sollen wir denn unsere Umsatzziele erreichen, wenn wir keine Leute mehr haben?" Herr Meier ist von diesem Vorwurf getroffen, aber er weiß auch, dass Dr. Müller einen validen Punkt angesprochen hatte. Darauf versprach Herr Meier Herrn Dr. Müller, eine Lösung zu finden.

Zurück in seinem Büro erinnert Herr Meier sich an einen Vortrag aus einer Fortbildung: „People Analytics – Modethema oder Zukunft des Personalmanagements?". Er sucht in seinen Unterlagen und findet den Vortrag: Datengetriebenes Human Resource Management, hieß es da, sei die Zukunft. Herr Meier beginnt sich weiter zu informieren und merkt, dass People Analytics eine Lösung für seine Probleme sein könnte. In der Tat war eines der ersten Beispiele in dem Vortrag eine Analyse von Kündigungsgründen. Das ist die Rettung von Herrn Meier. Er beginnt sich in das Thema zu vertiefen und ruft am nächsten Tag sein Team zusammen. „Wir brauchen eine datengetriebene Analyse im Personalmanagement!"

People Analytics ist eine bedeutende Innovation im Personalmanagement. So revolutioniert People Analytics das traditionell als wenig analytisch und zahlengetrieben geltende Feld und löst Bauchgefühl und Erfahrung der Personalmanager durch datenbasierte Entscheidungen ab [1]. Für andere Funktionen der Unternehmensführung wie Controlling oder die Finanzfunktion waren die vagen Angaben über mögliche Konsequenzen von Handlungsalternativen auf Basis langjähriger Erfahrung als Basis von Personalentscheidungen stets ein zentraler Kritikpunkt. Denn in Funktionen wie dem Controlling werden datenbasierte Modelle und Szenarioanalysen zur Entscheidungs-findung genutzt [2]. Anders die Personalfunktion: Personalauswahl-, Laufbahn-, Vergütungs- und Kündigungsentscheidungen werden bisher selten basierend auf ausgefeilten Modellen und Daten getroffen. People Analytics hat den Anspruch, dies zu ändern.

Einen wesentlichen Treiber von People Analytics stellt die Digitalisierung dar [3–5]. So entstehen durch die digitale Trans-formation von Organisationen und ihrer Prozesse vielfältige Möglich-keiten, neue Datenquellen zu erschließen, bestehende Daten neu zu verknüpfen und daraus Rückschlüsse auch für Personalentscheidungen zu ziehen. Im Bereich des Personalmanagements ist es einerseits das Ziel, die Effizienz von Personalprozessen zu erhöhen, andererseits versuchen Personalmanager auch die Wirksamkeit ihrer Personal-managementinstrumente durch neue digitale Methoden zu erhöhen [6].

Auch wenn die Einführung neuer Software im Rahmen von Digitalisierungsinitiativen prominent für die Neuausrichtung der Personalmanagements steht, verändert People Analytics das Personal-management fundamentaler, als es die Einführung neuer Software könnte, denn mit People Analytics ist eine neue datengetriebene Denk-weise verbunden. Ein solcher grundlegender Wandel des Denkens von Personalmanagern und die damit verbundene neue Sicht auf Personal-fragestellungen und somit auch auf die Bedeutung von Daten und Datenbeständen zur Entscheidungsunterstützung, verändern den Beruf grundlegend. Denn es kommt zu einer systematischen Verknüpfung von personalbezogenen Daten mit weiteren Daten zur Entscheidungs-findung. Kurz gesagt: *People Analytics* „zielt darauf ab, das Personal-management auf Basis von Informationstechnologien analytischer und faktenbasierter zu gestalten sowie Personalmaßnahmen mit ihren Aus-wirkungen auf erfolgsrelevante Key-Performance-Indikatoren zu ver-knüpfen" (S. 21) [3].

Definition von People Analytics

People Analytics ist ein systematisches, technologiegetriebenes Vorgehen, das Personalmanagement datenbasierter und analytischer zu gestalten und Personalpraktiken mit erfolgsrelevanten Key-Performance-Indikatoren zu verknüpfen.

Bisher war der Beitrag von Mitarbeitern zum Unternehmenswert, der sogenannte Wertbeitrag, aber auch die direkten und indirekten Auswirkungen von Personalmanagemententscheidungen nur schwierig zu beziffern. People Analytics weist das Potenzial auf, die Blackbox „Wertbeitrag" der Mitarbeiter zu öffnen und darauf basierend fundierte Handlungsempfehlungen für Personalmaßnahmen zur Steigerung des Unternehmenswerts zu geben [7]. Beispielsweise können mit Hilfe von People Analytics optimale Teamzusammensetzungen für Innovationsfähigkeit oder Umsatzmaximierung abgeleitet werden, Fluktuationsquoten und Krankenstände gesenkt werden sowie Kündigungen und zukünftige Leistungsfähigkeit von Bewerbern prognostiziert werden. Diese durch People Analytics generierten Informationen bergen ein erhebliches Potenzial zur Leistungssteigerung von Unternehmen. Diese Leistungssteigerung resultiert aber gerade aus einem höheren Wohlbefinden von Mitarbeitern und einer dadurch steigenden Motivation zur Leistungserbringung, da ein höherer Fit zwischen Aufgaben, Stellen und Fähigkeiten und damit eine höhere Mitarbeiterzufriedenheit erzielt werden können. Dies trägt langfristig auch zu einer Steigerung des Unternehmenswerts bei.

Ziel des vorliegenden Buches ist es daher, wissenschaftliche Fachliteratur sowie ihre empirischen und theoretisch-konzeptionellen Beiträge systematisch darzustellen und daraus Hinweise für die Anwendung von People Analytics in der betrieblichen Praxis zu liefern.

Dieser Quick Guide bietet im Folgenden einen ersten Überblick über die wesentlichen Elemente von People Analytics. Zuerst werden Chancen und Risiken von People Analytics für das Personalmanagement beschrieben. Darauf aufbauend werden wesentliche Voraussetzungen und Grundlagen für die Einführung von People Analytics dargestellt. Im Anschluss werden erste Anwendungen sowie

Potenziale von People Analytics für die Handlungsfelder des Personalmanagements aufgeführt. Zum Abschluss wird ein Ausblick auf zukünftige Entwicklungen gegeben.

Ihr Transfer in die Praxis

- Reflektieren Sie, welche Bedeutung das Personalmanagement in Ihrer Organisation für Entscheidungen des Managements hat!
- Überprüfen Sie, welchen Einfluss die Digitalisierung auf die Personalarbeit in Ihrer Organisation hat.
- Überlegen Sie, inwiefern People Analytics für Ihr Personalmanagement eine wichtige Innovation wäre.

Literatur

1. Angrave, D., Charlwood, A., Kirkpatrick, I., Lawrence, M., & Stuart, M. (2016). HR and analytics: Why HR is set to fail the big data challenge. *Human Resource Management Journal, 26*(1), 1–11.
2. Kaiser, S., & Loscher, G. (2017). People Analytics – Die Zukunft des Personalmanagements. In H. Surrey & V. Tiberius (Hrsg.), *Die Zukunft des Personalmanagements: Herausforderungen, Lösungsansätze und Gestaltungsoptionen* (S. 203–214). Vdf Hochschulverlag AG.
3. Loscher, G., & Kaiser, S. (2019). People Analytics als Zukunftsthema des Personalmanagements. *Controlling, 31*(5), 19–25.
4. Kaiser, S., Kozica, A., & Loscher, G. (2019). Zukunftsfähiges Personalmanagement für agile Organisationen. In S. Sackmann (Hrsg.), *Führung und ihre Herausforderungen: Neue Führungskontexte erfolgreich meistern und zukunftsfähig agieren* (S. 383–396). Springer Gabler.
5. Bader, V. (2020). Widersprüchlichkeiten der Digitalisierung – Eine Analyse der Situation des Individuums am digitalisierten Arbeitsplatz. In V. Bader & S. Kaiser (Hrsg.), *Arbeit in der Data Society: Zukunftsvisionen für Mitbestimmung und Personalmanagement* (S. 189–207). Springer Gabler.
6. Gärtner, C. (2020). *Smart HRM: Digitale Tools für die Personalarbeit.* Springer Gabler.
7. Minbaeva, D. B. (2018). Building credible human capital analytics for organizational competitive advantage. *Human Resource Management, 57*(3), 701–713.

2

Chancen und Risiken für das Personalmanagement durch People Analytics

Was Sie aus diesem Kapitel mitnehmen

- Welche Herausforderungen für die Quantifizierung im Personalbereich bestehen.
- Welche Ansätze zur Quantifizierung bisher existieren und warum sie gescheitert sind.
- Warum ein Kulturwandel des Personalmanagements zu Wettbewerbs-, Informations-, Technologie- und Datenschutzorientierung notwendig ist.
- Warum Quantifizierung, Evidenzbasiertheit und Systematisierung die Konsequenzen des Kulturwandels im Personalmanagement sind.
- Welche typischen Barrieren bei der Einführung von People Analytics existieren.
- Welche ethischen und rechtlichen Problemfelder angesprochen werden müssen.

© Der/die Autor(en), exklusiv lizenziert durch Springer Fachmedien Wiesbaden GmbH, ein Teil von Springer Nature 2021
G. Loscher, *Quick Guide People Analytics,* Quick Guide,
https://doi.org/10.1007/978-3-658-34731-4_2

2.1 Ausgangssituation im Personalmanagement: Quantifizierbarkeit als grundlegendes Problem

Durch People Analytics wird eine wiederkehrende Frage des Personalmanagements neu aufgerollt: Wie wird der Wertbeitrag von Mitarbeitern für das Unternehmen quantifiziert? Um diese wiederkehrende Fragestellung einzuordnen, werden im Folgenden die Besonderheit von Personal als Ressource, die fehlende Quantifizierung als Hürde zur strategischen Relevanz, Datenmanagement als Problem bei der Quantifizierung, fehlende Kompetenzen des Personalmanagements und People Analytics als Bestandteil einer Digitalisierungsstrategie dargestellt.

Personal als Ressource
Das Personal stellt durch seine Arbeitskraft eine zentrale Ressource von Unternehmen dar [1]. Anders als bei anderen Ressourcen in der Organisation ist jedoch bei der Ressource Personal ihr Wert und auch ihre Rolle für die Leistungsfähigkeit und den Wert des Unternehmens viel schwieriger zu bestimmen. Dies zeigt sich auch daran, dass die Bedeutung des Personals für die Leistungserbringung im Rahmen der Unternehmensführung oft nur als Nebenthema behandelt wird. Dies ist verwunderlich, da nicht nur die Arbeitskraft der Belegschaft für die Wertschöpfung essentiell ist, sondern Personalkosten oft den größten Block der laufenden Kosten bilden. Dieser fehlende Fokus auf personalbezogene Maßnahmen zur Produktivitätssteigerung spiegelt sich beispielsweise in der fehlenden Auseinandersetzung der Unternehmensführung mit der Erhöhung der Motivation, der Fähigkeiten oder des Job-Fits von Mitarbeitern und Mitarbeitergruppen wider. Dazu trägt auch die fehlende Quantifizierung von personalbezogenen Produktivitätstreibern bei. Für die Quantifizierung fehlen somit eindeutige Kennzahlen, wie es sie in anderen Managementfunktionen wie dem Marketing, den Finanzen oder dem Controlling schon lange gibt. Die Quantifizierung von personalbezogenen Sachverhalten für die Entscheidungsunterstützung des Managements ist daher ein wiederkehrendes Thema der Personalforschung und -praxis.

Fit

Der Begriff „Fit" beschreibt den Grad der Passung bzw. der Übereinstimmung von zwei Elementen. Für das Personalmanagement spielt der Fit zwischen Person und Stelle bzw. auch zwischen Person und Organisation eine wichtige Rolle, da der Grad des Fits eine Auswirkung auf die Leistungserbringung eines Stelleninhabers hat.

Quantifizierung als Hürde für das Personalmanagement auf dem Weg zum strategischen Partner

Verbesserungen von personalbezogenen Treibern der organisationalen Leistungsfähigkeit können starke Effekte auf die Wertschöpfung im Unternehmen haben [2]. Aufgrund der nicht vorhandenen (validen) Kennzahlen wird das Personalmanagement jedoch nicht als strategischer Partner des Managements gesehen, denn es fehlt an fundierten, analytisch getriebenen Entscheidungsempfehlungen des Personalmanagements.

Als Ansatz zur Quantifizierung des Personalmanagements wird seit den 1980er Jahren eine Orientierung am Rechnungswesen vorgeschlagen. Personalentscheidungen sollen dabei mit ihren Wirkungen auf die Leistung des Unternehmens verknüpft werden. Diese Versuche, das Humankapital in das Rechnungswesen der Organisation einzubinden, erfolgten auf Basis unterschiedlicher Methoden [3]. So trieb Erich Flamholtz das Human Resource Accounting auf der Basis von Kosten voran [4]. Andere verfolgten Cashflow-orientierte Ansätze, um das Humankapital auf Basis der Leistungsbeiträge zu errechnen (z. B. das Workonomics-Konzept der Boston Consulting Group). Weitere Ansätze wie die Saarbrücker Formel [5] oder auch die HR-Scorecard [6] kombinierten Indikatoren, um Aussagen über die Veränderungen der personalbezogenen Leistungspotenziale des Unternehmens zu erhalten. All diesen Ansätzen ist gemein, dass sie nur in einem begrenzten Maße einen Zusammenhang zwischen Personalentscheidungen und Strategieumsetzung in Organisationen aufzeigen konnten. Daher fehlte es an einer Zuordenbarkeit von Personalentscheidungen und ihrer Wirkungen über den Zeitverlauf. Ohne diese so entstehenden kausalen

Zusammenhänge bleibt der Einfluss auf strategische Entscheidungen durch das Personalmanagement begrenzt [7].

So können jenseits der Kostenwirkung Szenarien und Auswirkungsanalysen durch das Personalmanagement nur selten begründet werden. Daher stellt eine zentrale Hürde zu mehr strategischer Relevanz der Personalfunktion die fehlende Quantifizierung ihrer Leistungen und die mangelnde erfolgsbezogene Messung ihrer Handlungen dar [2]. Dieser Mangel an Kennzahlen für personalbezogene Sachverhalten ist zwei Dingen geschuldet: Zum einen ist es schwierig, komplexe Zusammenhänge im Verhalten von Menschen zu quantifizieren, zum anderen unterliegt menschliches Verhalten immer auch der Möglichkeit sich zu verändern und anzupassen, sodass Prognosen über zukünftige Verhaltensweisen immer mit Unsicherheit belegt sind [1].

Personalmanagement als strategischer Partner

Dave Ulrich prägte die Debatte um Rollen des Personalmanagements. Der Begriff des strategischen Partners zielt darauf ab, dass das Personalmanagement die Strategie der Organisation durch die Ausrichtung der Personalprozesse auf das strategische Ziel unterstützt.

Fehlendes Personaldatenmanagement als Hürde für Quantifizierung

Ein weiterer, eher praktischer Grund für Quantifizierungsprobleme liegt in der unzureichenden Verfügbarkeit von Daten, denn die für komplexere Auswertungen nötigen Daten werden nicht in den gängigen Enterprise-Resource-Planning-Systemen (ERP-System) vorgehalten, sondern müssen über gesonderte Erhebungen erfasst und verarbeitet werden. So müssen Daten z. B. zur Zufriedenheit, Kündigungsgründen oder Engagement über eigens erstellte und einzelfallbezogene Befragungen generiert werden. Die so erhaltenen Daten werden aber losgelöst vom ERP-System gespeichert und durch das Personalmanagement für weitere Analysen aufbereitet. Ein Grundproblem solcher Ad-hoc-Befragungen sind die mangelnde Einbindung in standardisierte Reportings und ihr Charakter als Momentaufnahme. Durch die fehlende Standardisierung kommt es durch Veränderungen in den Fragestellungen und dem damit verbundenen Fragebogendesign zu Problemen der Vergleichbarkeit, teilweise fehlen aus wissenschaftlicher

Sicht wichtige Variablen zur Verhaltensprognose, Stichproben sind nicht repräsentativ für die Gesamtbelegschaft und Konstrukte in den Befragungen nicht validiert. Als Konsequenz sind die vorhandenen Daten über die Belegschaft als Basis für Entscheidungen oft nur lückenhaft, vergangenheitsbezogen und wenig valide. Ein praktisches Problem stellt die ungenügende Integration der so erhobenen Daten mit den weiteren Unternehmensdaten dar, sodass die Personaldaten nur begrenzt mit den Unternehmensdaten verknüpft werden können. So wird die strategische Bedeutung des Personalmanagements zusätzlich zu den bereits bestehenden Quantifizierungsproblemen durch die fehlende Datenverfügbarkeit geschwächt.

Fähigkeitslücke zur Quantifizierung von Personalsachverhalten
Ein weiterer Aspekt verschärft die unzureichende Quantifizierung. Zwar haben Personalmanager an den neuen Möglichkeiten, Personalentscheidungen auf Basis von Fakten zu treffen, ein großes Interesse, aber es fehlt in der Personalfunktion an der Fähigkeit diese neue Herangehensweise zu etablieren [8]. Dies äußert sich vor allem durch methodische und konzeptionelle Lücken in den Kompetenzen. Zum Ersten benötigt man für People Analytics ein hohes Verständnis für Modellbildung und vertiefte Kenntnisse für fortgeschrittene statistische Methoden. Diese Anforderungen an Kompetenzen werden durch fehlende Standardsoftwarelösungen verschärft, sodass zumindest rudimentäre Programmierkenntnisse zur Umsetzung von People-Analytics-Modellen nötig sind. Zum Zweiten werden für People Analytics sehr gute konzeptionelle Kenntnisse gefordert, um mögliche arbeitspsychologische und betriebswirtschaftliche Zusammenhänge zu verstehen und für jeweilige Unternehmen zu kontextualisieren. Sowohl die methodischen als auch konzeptionellen Fähigkeiten existieren in den Personalabteilungen nur selten in der Breite. So mangelt es an Fachkräften im Personalmanagement, die eine stärker evidenzbasierte Vorgehensweise etablieren können. Insofern kann das Personalmanagement nicht mit anderen historisch schon länger zahlengetriebenen Funktionen auf Augenhöhe agieren [3]. Durch die Etablierung von People Analytics und die Entstehung neuer Berufsbilder im Personalmanagement ändert sich dies aktuell.

People Analytics als Innovation zur Veränderung des Personalmanagements
People Analytics kann als Innovation mit hohem Potenzial für das Personalmanagement betrachtet werden [9, 10]. Um dieses Potenzial für das Personalmanagement zu heben, bedarf es aber auch einer kritischen Prüfung bestehender Systeme und Softwarelösungen sowie einer systematischen Planung notwendiger Datengrundlagen. So kann People Analytics als Startschuss dafür dienen, die Bedeutung des Personalmanagements für die Unternehmensführung zu erhöhen und die operativen Tätigkeiten in Personalfunktionen – wie z. B. Personalauswahl oder auch Placement – durch bessere Informationssysteme aufzuwerten. Alles in allem bietet sich die Gelegenheit, bestehende Instrumente, Denkweisen und Praktiken des Personalmanagements zu prüfen, die Datenlandschaft des Personalmanagements und ihre Schnittstellen zu anderen Unternehmensbereichen zu analysieren sowie die Rolle der Entscheidungsunterstützung zu stärken.

2.2   Voraussetzungen im Personalmanagement für die Anwendung von People Analytics

Durch People Analytics stehen dem Personalmanagement nun Echtzeit-, Prognose- und Diagnoseinstrumente zur Verfügung [11, 12]. Um diese neuen Instrumente nutzen zu können; gibt es vier Anforderungen an das Personalmanagement [3]:

1. Wettbewerbsorientierung,
2. Informationsorientierung,
3. Technologieorientierung und
4. Datenschutzorientierung.

1. Wettbewerbsorientierung
Personalmanagementinitiativen verfolgen keinen Selbstzweck, sie dienen der Stärkung der Wettbewerbsfähigkeit des Unternehmens. So müssen auch People-Analytics-Initiativen im Rahmen von

Digitalisierungsstrategien des Personalmanagements einen Nutzen für das Unternehmen haben und auf die Erhöhung von Flexibilität, Kosteneffizienz, Innovationsfähigkeit oder Ähnlichem abzielen. Das Personalmanagement schafft so Voraussetzungen für den Markterfolg, indem es die gesamte humankapitalbasierte Wertschöpfung des Unternehmens steuert und durch seine Initiativen verbessert. Eine wesentliche Grundvoraussetzung ist somit, die Tätigkeiten des Personalmanagements auf den Markterfolg auszurichten und People Analytics als Teil dieser Wettbewerbsorientierung und nicht als Selbstzweck zu verstehen.

2. Informationsorientierung
Für das Personalmanagement ist eine Vielzahl interner und externer Datenquellen verfügbar. So können zum Beispiel Daten aus externen Netzwerken wie LinkedIn und Xing oder auch Bewertungsplattformen wie kununu genutzt werden, aber auch interne Daten über Kundenzufriedenheit, Performance und Kommunikationsmetadaten oder Ähnliches. Dennoch empfiehlt es sich, keine unsystematischen Datensammlungen zu betreiben, sondern Daten auf spezifische Informationsbedarfe hin zu sammeln. Diese Standardisierung und Kombination von Daten aus verschiedenen Quellsystemen zu einem systematisch zusammenhängenden Datensatz erlauben die Gewinnung von Informationen. So können Teams, Abteilungen und Betriebe anhand der standardisierten Daten verglichen werden, deren bewusste Auswahl wesentlich ist. Die Standardisierung der Datensollte sich stark an unternehmerischen Fragestellungen orientieren und diese auch als Kriterium zur Erfassung nutzen.

3. Technologieorientierung
Neben der Informationsorientierung wird die Technologieorientierung des Personalmanagements wichtiger, denn neue Technologien verändern nicht nur herkömmliche Büroarbeitsplätze durch Virtualisierung, Remote-Work oder (Teil-)Automatisierung, sondern sie verändern auch die Praktiken und Instrumente des Personalmanagements. Zum Beispiel werden herkömmliche Routinearbeiten wie das Prüfen von Urlaubsanträgen oder das Beantworten von Standardfragen durch Bots erledigt.

Auch bestehende Praktiken verändern sich durch neue Technologien wie automatisierte Kündigungsprognosen und Vorschläge zum Entgegenwirken, Online-Bewerbungsgespräche oder Big-Data-Methoden zur Talentidentifikation innerhalb der Firma. Diese Veränderung des Personalmanagements erfordert jedoch, dass die Personalabteilung eine eigene Technologiekompetenz zur Bewertung von Technologien aufbaut. Ziel dabei ist es, Technologien in ihrem Nutzen und ihren Grenzen für das Personalmanagement jenseits rein technischer Überlegungen zu bewerten. So bedeutet die technologische Verfügbarkeit nicht automatisch einen Nutzen für die Personalarbeit. Dennoch muss die Personalabteilung die Konsequenzen dieser neuartigen Technologie für die Personalarbeit und möglichen Personalinnovationen unabhängig von IT-Abteilungen bewerten können.

4. Datenschutzorientierung

Die Personalabteilung nimmt eine Schnittstellenfunktion zwischen Belegschaft und Management ein. Dabei stellen Datenschutzbeauftragte und Betriebsräte wichtige Ansprechpartner für das Personalmanagement dar. Gerade im Rahmen von Digitalisierungsmaßnahmen im Allgemeinen und People-Analytics-Projekten im Speziellen stellen sich dabei vielfältige datenschutzrechtliche Fragestellungen. So sind Mitarbeiterdaten insbesondere durch die Datenschutzgrundverordnung und das Mitbestimmungsgesetz vor dem unbegrenzten Zugriff des Arbeitgebers geschützt. Dies gilt insbesondere für Daten, die individuelle Leistungsprognosen oder ähnliches zulassen, oder für die Rekombination von vorhandenen Daten außerhalb ihrer ursprünglichen Zweckgebundenheit. Hier sollte die Unternehmensleitung mit dem Betriebsrat eine Betriebsvereinbarung zur Datennutzung durch das Personalmanagement abschließen. Idealerweise wird die geplante Datennutzung auch mit den IT-Sicherheitsbeauftragten und Datenschutzbeauftragten des Unternehmens abgesprochen. Dabei sollten die Prinzipien der Datensparsamkeit, der Datensicherheit und der Zweckbestimmung von Daten beachtet werden. So können die sensiblen, personenbezogenen Daten bestmöglich geschützt werden. Um die Skepsis des Betriebsrats gegenüber dem „gläsernen" Mitarbeiter zu lindern, kann es sich für die Arbeitgeberseite trotzdem lohnen, in die

Technologiebewertungskompetenz des Betriebsrats zu investieren. Insgesamt ist die Datenschutzorientierung wichtig, um eine faktenbasierte Beurteilung von People-Analytics-Projekten zu ermöglichen.

Insgesamt sind Wettbewerbs-, Informations-, Technologie- und Datenschutzorientierung wichtige Voraussetzungen in der Kultur der Personalabteilung, damit People-Analytics-Projekte gelingen können. Dabei ist People Analytics nur einer der Bausteine einer umfassenden Digitalisierungsstrategie des Personalmanagements, die ebenso auf diesen vier beschriebenen Voraussetzungen aufbaut.

2.3 Veränderungen im Personalmanagement durch People Analytics

Insgesamt beschleunigt die Einführung von People Analytics die Veränderung des Personalmanagements, denn das alte, stark an den Mitarbeitern und ihren Bedürfnissen orientierte Denken wird durch die Orientierung an fakten- und evidenzbasierten Argumenten ersetzt [13]. Auf diese Weise nähert sich das Personalmanagement anderen betriebswirtschaftlichen Funktionen an. Diese quantifizieren auf Basis von Modellen oder empirischen Methoden Entscheidungen schon seit längerem und machen die Ergebnisse der Modelle zur Grundlage ihrer Handlungen. Eine ähnliche Veränderung, wie sie dem Personalmanagement bevorsteht, hat in den letzten Jahren z. B. auch im Marketing stattgefunden. So gründet die Marketingfunktion mittlerweile Entscheidungen ebenfalls auf empirisches Wirken. Für das Personalmanagement ergeben sich mit People Analytics drei zentrale Veränderungen:

1. Quantifizierung,
2. Evidenzbasiertheit,
3. Systematisierung.

1. Quantifizierung

Das Personalmanagement steht wie oben beschrieben (Abschn. 2.1) vor dem Problem, Sachverhalte in der eigenen Domäne zu quantifizieren [13]. Ziel ist, das implizite Wissen innerhalb der Funktion in quantitativ messbare Sachverhalte zu transformieren. Hierzu werden Messmodelle genutzt, die die komplexe Realität auf wesentliche Wirkfaktoren reduzieren und zu Kennzahlen verdichten. Diese so entstehenden quantitativen Sachverhalte können innerhalb des Messmodells als objektiv bewertet werden und stellen somit modellbasierte Fakten dar. Auf Basis dieser modellbasierten Quantifizierung können Sachverhalte übergreifend verglichen und diskutiert werden, sind für Berichte zusammenfassbar und machen personalbezogene Vorgänge transparent. Somit ist es für das Management möglich, die potenziellen Ergebnisse von verschiedenen Entscheidungen zu vergleichen und zumindest im Nachhinein als besser oder schlechter zu qualifizieren. Durch *Quantifizierung* richten Mitarbeiter außerdem ihr Verhalten auf die gemessenen Sachverhalte aus, da sie nun auf Basis objektiver Kennzahlen für ihr Handeln verantwortlich gemacht werden können. Dabei stellt sich nach einer gewissen Zeit nicht mehr die Frage nach der Richtigkeit oder Wahrhaftigkeit der Kennzahl, sondern die Kennzahlen werden als gegeben akzeptiert und innerhalb der Organisation als objektiver Wert zur Steuerung genutzt.

Quantifizierung

Quantifizierung wird in der betriebswirtschaftlichen Forschung als zentrales Ziel des Rechnungswesens angesehen. Dabei wird das Rechnungswesen nicht als rein funktionale und technische Angelegenheit bezeichnet, sondern verfolgt den Zweck, durch Zahlen – genauer durch „Kennzahlen" – organisationale Aktivitäten kalkulierbar und damit die ausführenden Akteure rechenschaftspflichtig zu machen. Nur durch Quantifizierung können Sachverhalte messbar, vergleichbar und aggregiert dargestellt werden und somit zur Evaluation von Leistungen dienen. Letztendlich dienen die generierten Kennzahlen zur Verhaltenssteuerung. Eine Repräsentation von Aktivitäten durch Zahlen ist damit nicht wertneutral, sondern prägt das Verhalten von Mitarbeitern anhand ökonomischer Kriterien. Eine ausführliche Einführung zu dieser Thematik liefern Miller und Power [14].

2. Evidenzbasiertheit

Gerade weil die Quantifizierung von Personalsachverhalten Grenzen hat, spielt die Evidenzbasiertheit des Vorgehens eine große Rolle [15]. Es können zwei grundlegende Vorgehensweisen unterschieden werden. Die erste Vorgehensweise basiert darauf, sozialwissenschaftlich etablierte Erkenntnisse für die eigene Organisation zu nutzen. Durch Fragebogenstudien und Experimente zeigen Personaler so Zusammenhänge zwischen Personalentscheidungen und dem Verhalten der Mitarbeiter auf. Dieses Vorgehen beruht auf der Logik der Wissenschaft und ihrer Methoden. Nach Identifikation einer Fragestellung und Hypothesenbildung wird eine Studie zur Überprüfung der Hypothesen durchgeführt, um so eine Fragestellung zu beantworten. Ein typisches Beispiel für dieses Vorgehen ist die Untersuchung von Kündigungsabsichten auf Basis eines Fragebogens. Generell kann eine Schwierigkeit dieses Vorgehens darin bestehen, dass es einzelfallbezogen erfolgt und das Vorgehen nicht systematisch mit strategischen Fragestellungen und Erfolgskennzahlen verknüpft wird. Eine zweite Vorgehensweise nutzt bereits in der Organisation vorhandene Daten. Diese stammen beispielsweise aus dem Enterprise-Resource-Planning-System, den Personaldatenbanken, den Auswertungen des Controllings oder anderen Erhebungen. Diese Datenquellen werden zusammengefasst und zur Beantwortung der Fragestellungen genutzt. Zum Beispiel im Fall der Kündigungsabsicht wird aus anderen Daten, wie Entfernung des Wohnorts vom Arbeitsplatz, der organisationalen Rolle, der Größe des Teams etc., eine Kündigungswahrscheinlichkeit errechnet. Vorteil diese Methode ist, dass sie an die Kostenstellenlogik der Organisation angebunden werden kann und die Daten bereits vorhanden sind. Der Nachteil ist, dass es sich dabei leicht um Scheinkausalitäten und -korrelationen handeln könnte. Zusammenfassend ist es jedoch so, dass beide Methoden auf der Idee basieren, aus Daten Rückschlüsse für

Entscheidungen zu ziehen und dadurch eine höhere Entscheidungsgüte zu erreichen.

3. Systematisierung

Neben Quantifizierung und Evidenzbasiertheit spielt die Systematisierung von People-Analytics-Kennzahlen eine wichtige Rolle [16]. Dazu werden die im Rahmen von People-Analytics-Projekten generierten Kennzahlen in einen systematischen Zusammenhang gebracht. Im ersten Schritt identifiziert das Personalmanagement die relevanten Personalfragestellungen anhand der Strategie des Unternehmens und beantwortet im zweiten Schritt diese Fragestellungen mit den unter Evidenzbasiertheit erwähnten Messmethoden. Ein so entwickeltes System von People-Analytics-Kennzahlen dient dazu, wichtige Änderungen im Personalmanagement schlaglichtartig zu beleuchten. Ziel ist es, den Entscheidungträgern einen Eindruck über zukünftige Entwicklungen im Bereich Personal zu geben. Statt eine Vielzahl von unsystematisch generierten und möglichst umfassenden Kennzahlen zu erzeugen, wird eine geringe Anzahl von steuerungsrelevanten Personalkennzahlen in einem Dashboard verknüpft [17]. Das übergreifende Motiv ist dabei, ein Kennzahlensystem zu entwickeln, das einerseits mit Erfolgskennzahlen des Rechnungswesens zusammenhängt und andererseits relevante Aussagen über Personalsachverhalte trifft (z. B. „Eine Verringerung der Fluktuationsquote wirkt sich positiv auf den Cashflow aus."). Generell bietet es sich an, neben einem allgemeinen Dashboard zu personalbezogenen Fragestellungen für Führungskräfte auch spezifische HR-Dashboards entlang der Handlungsfelder des Personalmanagements für Personalmanager zur Verfügung zu stellen. Denn diese spezifischen Dashboards können für den Fachbereich relevante Fragestellungen im Detail beantworten. Eine solche Differenzierung erlaubt es den Personalmanagern, den Führungskräften über allgemeine personalbezogene Fragestellungen hinaus passgenaue Antworten zu geben.

Das übergreifende Ziel von Quantifizierung, Evidenzbasiertheit und Systematisierung von Personalentscheidungen ist dabei, die Fähigkeit des Personalmanagements zur Strategieumsetzung zu verbessern

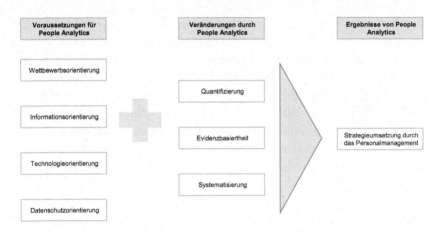

Abb. 2.1 Voraussetzungen, Veränderungen und Auswirkungen von People Analytics. (Eigene Abbildung)

[2, 7]. Abb. 2.1 fasst diese Zusammenhänge zusammen. Kurz gesagt: Die strategische Relevanz des Personalmanagements leitet sich aus der Fähigkeit ab, Strategieentscheidungen und ihre Auswirkungen auf personalbezogene Fragestellungen auf Basis von Daten hinterfragen zu können und einmal getroffene Strategieentscheidungen durch die Personalpraktiken umsetzen zu können. Hieraus kann für das Unternehmen auch ein strategischer Wettbewerbsvorteil entstehen.

2.4 Typische Barrieren bei der Einführung von People Analytics

Typische Barrieren für die Einführung von People Analytics ergeben sich sowohl aus den grundlegenden Problemen der Quantifizierbarkeit als auch dem vorauszusetzenden notwendigen Kulturwandel im Personalmanagement.

Bei People-Analytics-Einführungsprojekten kann als zentrales Problem die kulturelle Anpassung der Personalabteilung an eine analytische Herangehensweise und Denkweise gesehen werden [18]. Hier gilt es, die in Abschn. 2.2 beschriebenen Voraussetzungen wie

Wettbewerbs-, Informations-, Technologie- und Datenschutzorientierung zu schaffen und so eine Veränderung hin zu mehr Quantifizierung, Evidenzbasiertheit und Systematisierung (Abschn. 2.3) zu ermöglichen. Das bisherige Verständnis der Personalabteilung als „People Business" mit nur geringer Zahlenaffinität ist eine große Barriere für Veränderungen [18]. So wird eine Denkweise reproduziert, die eine höhere Wertschätzung von Intuition und Bauchgefühl statt einer analytischen und evidenzbasierten Argumentationskultur befördert. Dies gilt es zu ändern. Zum einen kann der Mehrwert von datengetriebenen Argumentationen für das bestehende Personal verdeutlicht werden und ein systematischer Kompetenzaufbau bei dem bestehenden Personal die Zahlenaffinität erhöhen [7]. Zum anderen bietet sich eine Ausrichtung der Kompetenzprofile an Analysefähigkeiten bei Neueinstellungen an [7]. Zentral für den Erfolg des Wandels im Personalmanagement bleibt aber die Unterstützung durch das Topmanagement.

Kultureller Wandel durch Digitalisierung

Der kulturelle Wandel in Organisationen betrifft die sog. interpretativen Schemata der Akteure. Interpretative Schemata können als gefestigte Muster von Ideen, Werten und Vorstellungen über die Welt betrachtet werden. Sie speisen sich einerseits aus der Kultur der Organisation, andererseits aus institutionellen Logiken, die im Umfeld der Organisation existieren (z. B. Markt oder Profession). In den interpretativen Schemata sind auch Vorstellungen über die Legitimität, Tabus und archetypische Anforderungen an Praktiken eingebettet.

Durch die Digitalisierung kommen nun neue Logiken in die Organisation (z. B. die Quantifizierung), die Managementsysteme und organisationale Strukturen infrage stellen. Diese neuen, durch Digitalisierung getriebenen Logiken und ihre Vertreter treffen nun auf Vertreter der herkömmlichen interpretativen Schemata und dies kann zu Konflikten, zu Wandel oder aber auch zum Scheitern der Einführung neuer Technologien führen. Um den Wandel durch Digitalisierung zu ermöglichen, muss daher von den Akteuren Institutionalisierungsarbeit geleistet werden, die die neue Logik und damit verbundene Werte sowie Praktiken gegenüber den Vertretern der bisherigen Logik legitimiert (ausführlich dazu [13]).

Eine weitere Barriere bei der Einführung von People Analytics kann dessen Implementierung über Standardsoftware ohne den nötigen Kompetenzaufbau im Personalmanagement sein [18]. Zwar werden auf diese Art schnell neue Analysen möglich, aber die Personalmanager müssen die Ergebnisse der Analysen trotzdem verstehen und erklären können. Sonst fehlt das Verständnis für Wirkungen, Möglichkeiten und Grenzen des neuen Werkzeugs. Ein Dashboard mit neuen Kennzahlen schafft zwar Transparenz, die Nutzung von datengetriebenen Analysen als Herangehensweise zur Problemlösung ist dadurch aber noch nicht in der Kultur der Personalabteilung verankert. Die kulturelle Verankerung von evidenzorientierten Entscheidungen bleibt die Voraussetzung, um mit People Analytics einen Wettbewerbsvorteil zu erzielen [7]. Ähnliche Argumente gelten für andere Vorgehensweisen, die den kulturellen Wandel wenig betonen und Fähigkeiten einkaufen, beispielsweise, wenn die IT-Abteilung Software losgelöst von den Anwendern beschafft oder externe Berater für Ad-hoc-Projekte Fähigkeiten zur Verfügung stellen. Klar ist: Ohne eine eigenständige Fähigkeit, Analytics-Projekte durchführen zu können, werden auch die notwendigen Fähigkeiten zur Bewertung der Ergebnisse nur rudimentär aufgebaut.

Strategische Ressourcen

Unternehmen müssen strategische Wettbewerbsvorteile aufbauen, um gegenüber anderen Marktteilnehmern als einzigartig wahrgenommen zu werden und nachhaltig im Wettbewerb bestehen zu können. Eine wichtige Quelle für einen strategischen Wettbewerbsvorteil sind unternehmenseigene Fähigkeiten und Ressourcen. Ihre Bedeutung für die Strategie erhalten Ressourcen und Fähigkeiten immer dann, wenn Sie 1) selten sind, 2) wertvoll sind, um Gelegenheiten im Wettbewerb zu nutzen und Risiken zu neutralisieren, 3) schwierig von der Konkurrenz zu imitieren sind, 4) nicht einfach ersetzbar oder austauschbar sind und/oder 5) von der Organisation genutzt werden können [19].

Eine dritte Barriere ist die fehlende Systematik der durch People Analytics generierten Kennzahlen [16], denn einen entscheidenden Mehrwert von People Analytics stellt eine Redefinition von HR-Kennzahlen, ihres Zusammenhangs und ihrer Auswirkungen auf den Erfolg des Unternehmens dar. Gerade bei Einführung über Einzelprojekte und einzelne exemplarische Anwendungsfälle kann es zu einem Wildwuchs an Einzelerkenntnissen kommen. Dadurch fehlt es häufig an der Verstetigung und Skalierung der gewonnenen Erkenntnisse. Der Mehrwert jenseits eines Ad-hoc-Controllings wird damit nicht sichtbar. So kann die stufenweise Generierung von Kennzahlen zwar ein guter Einstieg in People Analytics sein, diese stufenweise Einführung sollte aber den Plan haben, systematisch skalierbare Kennzahlen für Berichtssysteme zu identifizieren und zu implementieren.

Eine letzte Barriere stellt die Systemlandschaft und die damit verbundene Datenverfügbarkeit und Datengüte dar [13, 20]. In vielen Unternehmen sind Personaldaten über verschiedene Datenbanken und Systeme verteilt. Oft existieren gerade in größeren Konzernen verschiedene Insellösungen für HR-Daten. Zusätzlich fehlen einheitliche Konventionen der Datenpflege bzw. -aktualisierung, sodass wichtige Daten fehlen oder falsch eingetragen werden. Diese zerklüftete IT-Landschaft wird in dem Moment zum Problem, wenn Daten nicht automatisiert und standardisiert für die Auswertung zur Verfügung gestellt werden können, denn dadurch wird viel manueller Nachbearbeitungsaufwand notwendig. Daher ist es nötig, eine einheitliche Datenstrategie für das Personalmanagement festzulegen. Idealerweise können auf Basis der systematisch zusammengestellten Kennzahlen Anforderungen an eine standardisierte Datenbank als Grundlage für die People-Analytics-Auswertungen definiert und diese dann mit hoher Güte bereitgestellt werden.

Datenqualität und Daten-Governance
Die Datenqualität stellt sich für die meisten Unternehmen als sehr große Hürde im Aufbau von People-Analytics-Anwendungen dar, denn es fehlt an einer einheitlichen Daten-Governance für Personaldaten. Daher herrscht Unkenntnis über die Existenz von Daten, die Erhebungsregeln, die verschiedenen Speicherorte, den Umgang mit Strukturbrüchen durch organisationale Veränderungen und die Erhebungszeitpunkte. Oft fehlt es auch an einer einheitlichen Bezeichnung für Sachverhalte, eindeutige Zuordenbarkeit von Personen zu Datensätzen und daher an Möglichkeiten, Daten zum Beispiel mit Kostenstellen und Personen zu kombinieren.

Damit verbunden ist die fehlende Syst[ematik der Datenerfassung. Dies äußert sich darin, dass Daten zu Personalmanagementthemen zu verschiedenen Zeitpunkten erfasst wurden und unterschiedliche Analyseeinheiten umfassen (z. B. Individuum, Team, Abteilung etc.), aber auch doppelt oder falsch erfasst werden. Hieraus entstehen Probleme für die einfache und automatisierte Extraktion von Daten für die Analyse. Eine Lösung dafür ist der Aufbau einer einheitlichen Daten-Governance für das Personalmanagement, die die Definitionshoheit über Verfahren, Umfang, Systematik und Zeitpunkte der Datenerhebung hat (vergleiche ausführlich zum Thema Datenqualität [7]).

Während der Einführung von People Analytics und den damit verbundenen Projekten sollten diese vier Barrieren (Kultur der Personalabteilung, Standardsoftware ohne Kompetenzaufbau, die fehlende Systematisierung von Kennzahlen und die fehlende Datenverfügbarkeit und -qualität) mitbedacht werden. Ein aktiver Umgang mit diesen Barrieren kann während dieser Phase viele Probleme vorab lösen.

2.5 Ethische und rechtliche Problemfelder der Einführung von People Analytics

Im Rahmen von People-Analytics-Projekten werden Kennzahlen und Analysen entwickelt, die auf das Verhalten von Individuen Auswirkungen haben, aber gleichzeitig auch detaillierte Erkenntnisse über einzelne Personen bzw. Personengruppen ermöglichen. Damit entstehen durch People Analytics rechtliche und ethische Problemfelder, die bei der Einführung bedacht werden müssen [21].

Aus der Forschung zur Wirkung von Kennzahlen ist bekannt, dass Mitarbeiter ihr Verhalten auf die gemessenen Kennzahlen ausrichten [21]. Mitarbeiter richten aber nicht nur ihr Verhalten derart aus, sondern betreiben einen hohen Aufwand, um diese Kennzahlen zu erfüllen – unter Vernachlässigung anderer, ebenfalls wichtiger Sachverhalte. Da aber Kennzahlen das Verhalten gegenüber Führungskräften transparent machen und auch eine hohe Faktizität in Diskussionen aufweisen, sind diese Nebeneffekte eine Begleiterscheinung der Quantifizierung von Personal. Zu bedenken bleibt damit, dass durch institutionalisierte Kennzahlen nicht mehr das zugrunde liegende Verhalten gemessen wird, sondern der Grad an Ausrichtung auf die Kennzahl [14].

Problematisch wird die Verhaltenswirkung von Kennzahlen dann, wenn weitere Faktoren, die zum Gesamtergebnis beitragen, bewusst oder unbewusst vernachlässigt werden. Beispielsweise wird bei der Messung von Verkaufszahlen oft der Vertragsabschluss incentiviert, ohne die Kundenzufriedenheit oder die Weiterempfehlungsrate zu berücksichtigen. Insgesamt besteht somit die Gefahr von unbeabsichtigten Verhaltensanreizen durch People-Analytics-Kennzahlen. Neben den unbewussten Fehlanreizen können bei falschen Modellannahmen auch Fehlentscheidungen folgen. Dies passiert immer dann, wenn die People-Analytics-Kennzahlen nur Teile des Phänomens abdecken. Zum Beispiel könnte bei einer Analyse der Innovationsfähigkeit von Teams auf Kompetenzzusammensetzungen oder andere leicht messbare Strukturmerkmal als Kennzahlen abgestellt werden, das spezifische Zusammenspiel und die Interaktionen im Rahmen der Teamkultur aber nicht gemessen werden. Dabei kommt es zu einer Über- bzw. Unterbetonung spezifischer Aspekte von Innovationsfähigkeit und somit zu einer Verzerrung für Entscheidungen. Diese Reduktion auf wesentliche Aspekte der Realität ist der Natur von Modellen inhärent, daher müssen Modellannahmen stets sorgsam geprüft werden. Dies wird umso wichtiger, als mit People-Analytics-Modellen Entscheidungen über Menschen getroffen werden. Insgesamt besteht also ein Problemfeld darin, das komplexe Zusammenspiel von Verhaltensweisen auf wenige Kennzahlen zur Steuerung zu reduzieren. Eine mögliche Abhilfe ist das beständige Hinterfragen von Ergebnissen, die Kombination verschiedener Kennzahlen und die Schulung von Mitarbeitern im Umgang mit den Kennzahlen [21].

Freiwillige Selbstverpflichtung
Eine Möglichkeit, mit den Graubereichen von People-Analytics-Anwendungen umzugehen und auch die ethischen Problemfelder bewusst auszugleichen, stellen freiwillige Selbstverpflichtungen im Rahmen von Kodizes dar. Ziel einer solchen freiwilligen Selbstverpflichtung ist, über das gesetzliche Mindestmaß hinausgehende Prinzipien zur Durchführung von People-Analytics-Projekten

zu definieren. Dabei sollen wesentliche Projektprozesse, Widerspruchsmöglichkeiten, Grenzen von Projekten, Grenzen der Datenerhebung, Bedeutung der Mitbestimmung und des Datenschutzes während des Projekts sowie Konfliktlösungsmechanismen benannt werden.

Neben den unbeabsichtigten Wirkungen von Kennzahlen spielen ethische Problemfelder eine wichtige Rolle bei der Einführung von People Analytics [22]. Im Bereich Personalmanagement wird mit sensiblen, personenbezogenen Daten umgegangen. Dies hat zur Folge, dass gerade durch People-Analytics-Projekte und die dazugehörige Datensammlung potenziell sehr viel über einen einzelnen Mitarbeiter herausgefunden werden kann. Daher sollten Mitarbeiter der Verarbeitung von Daten auf Basis einer informierten Einwilligung zustimmen und bei bestimmten Analysen die Möglichkeit zu einem Opt-out haben. Gerade, weil personenbezogene Daten sensibel sind, ist es auch wichtig, ein hohes Maß an Datensicherheit zu gewährleisten. Bewährt hat sich auch eine Betriebsvereinbarung mit der Mitarbeitervertretung abzuschließen, die die Nutzung von Daten in People-Analytics-Projekten abdeckt. Dabei sollten die Opt-out-Möglichkeiten, das Recht an den Daten der Mitarbeiter, Verantwortung für People-Analytics-Analysen, Widerspruchsmöglichkeiten und bestimmte Mindestmaße der Datensicherheit festgehalten werden [21].

Ein weiteres ethisches Problemfeld stellen Verzerrungen aufgrund der Basisdaten dar [21], denn die Daten zum Personalbestand bilden Entscheidungen der Personalpolitik über die letzten Jahre ab. Da die Analysen diese Daten nutzen, werden optimale Ergebnisse anhand der Vergangenheit entwickelt und verfestigen dabei bestehende Strukturen. Beispielsweise ergibt sich dieses Problem, wenn Profile von so genannten „Top-Performern" gebildet werden. Wenn aus historischen Gründen aktuell nur wenige weibliche Personen bestimmte Positionen einnehmen, werden weibliche Personen in den Profilen nicht abgebildet, da die bisherigen Daten nur aus Vertretern des männlichen Geschlechts bestehen. Eine Schlussfolgerung wäre, weiterhin nur Personen männlichen Geschlechts zu fördern. Solche Verzerrungen gilt es aber zu mindern bzw. zu reflektieren und entsprechende Gegenmaßnahmen zu treffen. Sonst würde die historische Verzerrung weiter fortgeschrieben und es würden zukünftige Entscheidungen aus diskriminierenden Entscheidungen der Vergangenheit entstehen. Letztendlich hilft hier auch eine erhöhte Transparenz über die Analysen, die Datenbasis und auch eine Reflektion der Erkenntnisse. Zwar lügen die Daten nicht, sie können aber auch die Realität verzerrter Entscheidungen der Vergangenheit nicht aufheben und somit die Performance schmälern, wenn geeignete Bewerber aufgrund der Verzerrung in den Vergangenheitsdaten nicht in Betracht kommen [21].

Im Rahmen der Datenschutzgrundverordnung wurden neue Regularien zur Erhebung, Speicherung und Verarbeitung von personenbezogenen Daten erlassen [21]. Diese Regeln betreffen auch den Umgang mit Mitarbeiterdaten. Daher bietet es sich an, dass spätestens mit dem Beginn von People-Analytics-Projekten das Thema Mitarbeiterdatenschutz detailliert durch die Personalabteilung und den Betriebsrat unter Einbezug des Datenschutzbeauftragten bearbeitet wird. Dabei sollte genau dokumentiert werden, welche Daten erhoben, verarbeitet und genutzt werden, warum dies geschieht sowie wer zugangsberechtigt ist. Außerdem sollte mit den Mitarbeitern transparent bezüglich Datenerhebungen, Rechten auf Löschung und Änderung, Datenzugang, Risiken der Datenspeicherung und Konsequenzen eines Datendiebstahls kommuniziert werden. Ebenso gilt es, Regeln zur Weitergabe von Daten an Drittanbieter (externe Partner wie z. B. Cloudanbieter) zu etablieren. Idealerweise erhalten Mitarbeiter auch eine kurze Information über die Regularien. Außerdem sollte vor jedem Projekt eine Analyse der potenziellen Datenschutzauswirkungen durchgeführt; diese kann die Risiken von People-Analytics-Projekten abschätzen. Hohe Risiken sind immer gegeben, wenn ein Projekt zu automatisierten Bewertungen mit rechtlichen Konsequenzen, systematischer Überwachung, Rekombination von Daten aus vorherigen Befragungen oder aus verschiedenen unabhängigen Systemen sowie Profilbildungen und Scores führt [21]. Neben dem Datenschutz sind auch die Rechte der Mitbestimmung zu beachten [24]. Der Betriebsrat hat grundsätzlich ein Mitspracherecht, wenn Technologieeinführungen zur individuellen Leistungs- und Verhaltensüberwachung genutzt werden könnten. Hier bietet es sich an, den Betriebsrat frühzeitig in die Einführung einzubeziehen, gezielt weiterzubilden und die

Vorteile von People-Analytics-Projekten auch für die Betriebsratsarbeit aufzuzeigen.

Überlegungen zu rechtlichen Aspekten von People Analytics

Im Rahmen der rechtlichen Würdigung von People Analytics sind verschiedene Aspekte zu beachten:

So müssen die People-Analytics-Verfahren diskriminierungsfrei sein, um den Ansprüchen des Allgemeinen Gleichbehandlungsgesetzes zu genügen. Eine grundlegende Problematik liegt darin, dass die Antidiskriminierungsgesetzgebung bewusst darauf abzielt, Individuen nicht automatisch Eigenschaften einer Gruppe zuzuschreiben. Die zugrunde liegenden statistischen Verfahren basieren aber auf einer Gruppenbildung und dem Schluss, dass zur Gruppe zugehörige Personen im Regelfall nach dem Gruppenmuster handeln. Dieses grundlegende Problem zeigt auch die Grenzen automatisierter Verfahren auf und die Signifikanz der Verantwortung menschlicher Entscheider. Letztendlich muss die Personalabteilung prüfen, ob Verzerrungen aufgrund der Datengrundlagen zu diskriminierenden Entscheidungen führen oder ob im Bereich der Programmierung systematische und diskriminierende Verzerrungen existieren. Verfahren und Programme, die zu solchen Fehlentscheidungen führen, dürfen nicht genutzt werden bzw. es muss bewusst entgegengesteuert werden, damit es zu keiner Diskriminierung aufgrund von statistischen Gruppenmerkmalen kommt.

Für den Datenschutz von Beschäftigten gelten das Bundesdatenschutzgesetz und die Datenschutzgrundverordnung sowie die einschlägigen Regelungen zur Mitbestimmung. Es können dennoch zwei Grundprinzipien festgehalten werden. Erstens: Arbeitgeber dürfen People-Analytics-Verfahren nicht heimlich durchführen, vielmehr sollten sie durch die Zustimmung von Arbeitnehmern oder durch eine Betriebsvereinbarung zu den datenschutzrechtlichen Anforderungen abgesichert sein. Grundsätzlich existieren nur wenige gesetzlich vorgesehene Erfordernisse zur Datenerhebung und Verarbeitung, bei allen anderen Anlässen müssen die Mitarbeiter oder ihre Vertreter zustimmen. Zweitens: Arbeitgeber müssen People-Analytics-Verfahren verstehen und erklären können, denn Beschäftigte und ihre Vertretung im Betriebsrat haben umfassende Informations-, Mitbestimmungs- und Beratungsrechte. So muss der Arbeitgeber erklären können, welche Verfahren eingesetzt werden, nach welcher Logik diese Verfahren funktionieren, welche Daten dafür zwingend nötig sind sowie wie und wo Daten verwendet werden.

Grundsätzlich gelten bei der Einführung von People-Analytics-Verfahren auch das Betriebsverfassungsgesetz und weitere mitbestimmungsrechtliche Vorschriften. So hat der Betriebsrat unter anderem ein grundlegendes Mitbestimmungsrecht, wenn Personalplanung automatisiert erfolgen soll, Mitarbeiterbefragungen automatisiert werden, neue Technologien ein individuelles Überwachungspotenzial haben und Profile zur Verhaltensprognose erzeugt werden.

(Vergleiche hierzu grundlegend das Positionspapier von Algorithm Watch [23] sowie das dazugehörige ausführliche Dossier „Automatisiertes Personalmanagement und Mitbestimmung" unter https://algorithmwatch.org/project/auto-hr/positionspapier/).

Ihr Transfer in die Praxis

- Durchdenken Sie für sich, welche wichtigen Kennzahlen für Personalentscheidungen bereits jetzt im Unternehmen genutzt werden.
- Stellen Sie eine Liste der aus Ihrer Sicht nötigen zusätzlichen Personalinformationen für bessere Entscheidungen auf.
- Suchen Sie das Gespräch mit den Mitarbeitern in der Personalabteilung und erläutern Sie, warum Sie stärker evidenzbasierte Entscheidungsgrundlagen benötigen.
- Sprechen Sie das Thema Datenqualität und verfügbare Datenquellen an. Erstellen Sie eine Liste bereits jetzt vorhandener Datenpunkte, möglicher Verknüpfungen und fehlender Datenpunkte.
- Sprechen Sie das Thema Daten-Governance und Verantwortung für die Datenpflege bei den Personalmanagern an.
- Überlegen Sie sich, wie das Personalmanagement mit dem Betriebsrat vorbereitende Gespräche führen kann, um der Angst vor dem „gläsernen" Mitarbeiter entgegenzuwirken.
- Überlegen Sie sich, welche Analysen und Prognosen nicht durchgeführt werden sollen.

Literatur

1. Ringlstetter, M., & Kaiser, S. (2008). *Humanressourcen-management.* De Gruyter Oldenbourg.
2. Levenson, A. (2018). Using workforce analytics to improve strategy execution. *Human Resource Management, 57*(3), 685–700.

3. Loscher, G., & Kaiser, S. (2019). People Analytics als Zukunftsthema des Personalmanagements. *Controlling, 31*(5), 19–25.
4. Flamholtz, E. (1974). *Human resource accounting*. Springer.
5. Scholz, C., & Müller, S. (2013). Bewertung von Humankapital anhand der Saarbrücker Formel. In R. Stock-Homburg (Hrsg.), *Handbuch Strategisches Personalmanagement* (S. 187–205). Springer.
6. Becker, B. E., Huselid, M. A., & Ulrich, D. (2001). *The HR scorecard: Linking people, strategy, and performance*. Harvard Business Press.
7. Minbaeva, D. B. (2018). Building credible human capital analytics for organizational competitive advantage. *Human Resource Management, 57*(3), 701–713.
8. Angrave, D., Charlwood, A., Kirkpatrick, I., Lawrence, M., & Stuart, M. (2016). HR and analytics: Why HR is set to fail the big data challenge. *Human Resource Management Journal, 26*(1), 1–11.
9. Kaiser, S., & Loscher, G. (2017). People Analytics – Die Zukunft des Personalmanagements. In H. Surrey & V. Tiberius (Hrsg.), *Die Zukunft des Personalmanagements: Herausforderungen, Lösungsansätze und Gestaltungsoptionen* (S. 203–214). Vdf Hochschulverlag AG.
10. Kels, P., & Vormbusch, U. (2020). People Analytics im Personalmanagement: Auf dem Weg zur automatisierten Entscheidungskultur? *Industrielle Beziehungen, 27*(1), 69–88.
11. Marler, J. H., & Boudreau, J. W. (2017). An evidence-based review of HR Analytics. *The International Journal of Human Resource Management, 28*(1), 3–26.
12. Meyers, T. D., Vagner, L., Janoskova, K., Grecu, I., & Grecu, G. (2019). Big data-driven algorithmic decision-making in selecting and managing employees: Advanced predictive analytics, workforce metrics, and digital innovations for enhancing organizational human capital. *Psychosociological Issues in Human Resource Management, 7*(2), 49–54.
13. Loscher, G., & Bader, V. (2020). *Introducing the audit trail: How analytics transforms human resource management*. EGOS-Kolloquium.
14. Miller, P., & Power, M. (2013). Accounting, organizing, and economizing: Connecting accounting research and organization theory. *Academy of Management Annals, 7*(1), 557–605.
15. West, M. (2019). *People analytics for dummies*. Wiley-VCH.
16. Boudreau, J., & Cascio, W. (2017). Human capital analytics: Why are we not there? *Journal of Organizational Effectiveness: People and Performance, 4*(2), 119–126.

17. Bader, V., & Kaiser, S. (2019). Algorithmic decision-making? The user interface and its role for human involvement in decisions supported by artificial intelligence. *Organization, 26*(5), 655–672.
18. Rasmussen, T., & Ulrich, D. (2015). Learning from practice: How HR analytics avoids being a management fad. *Organizational Dynamics, 44*(3), 236–242.
19. Barney, J. (1991). Firm resources and sustained competitive advantage. *Journal of Management, 17*(1), 99–120.
20. Bader, V., & Kaiser, S. (2017). Autonomy and control? How heterogeneous sociomaterial assemblages explain paradoxical rationalities in the digital workplace. *mrev management revue, 28*(3), 338–358.
21. Edwards, M. R., & Edwards, K. (2019). *Predictive HR analytics: Mastering the HR metric.* Kogan Page Publishers.
22. Gal, U., Blegind Jensen, T., & Stein, M.-K. (2020). Breaking the vicious cycle of algorithmic management: A virtue ethics approach to people analytics. *Information and Organization, 30*(2), 100301.
23. Algorithm Watch. (2020). Positionen zum Einsatz von KI im Personalmanagement. Rechte und Autonomie von Beschäftigten stärken – Warum Gesetzgeber, Unternehmen und Betriebsräte handeln müssen. Positionspapier. https://algorithmwatch.org/wp-content/uploads/2020/03/AlgorithmWatch_AutoHR_Positionspapier_2020.pdf. Zugegriffen: 18. Dez. 2020.
24. Bader, V., & Kaiser, S. (Hrsg.). (2021). *Arbeit in der Data Society – Zukunftsvisionen für Mitbestimmung und Personalmanagement.* Springer Gabler.

3

People Analytics in der betrieblichen Praxis

Was Sie aus diesem Kapitel mitnehmen

- Warum es nötig ist, vom unternehmerischen Mehrwert von People-Analytics-Projekten her zu denken.
- Wie wissenschaftliche Methoden zu einer evidenzbasierten Vorgehensweise in People-Analytics-Projekten führt.
- Warum eine hohe Datenqualität und -verfügbarkeit für das Personalmanagement in Zukunft überlebenswichtig sind.
- Welche statistischen Methoden und Big-Data-Verfahren für People-Analytics-Projekte eine Rolle spielen.
- Warum eine grundlegende Entscheidung die Frage „effiziente Dashboards oder tiefgehende Analysen?" betrifft.

3.1 Der Business Case für People Analytics

Durch People Analytics kommt es zu einer grundlegenden Veränderung im Personalmanagement: Nämlich der Datengetriebenheit von Personalentscheidungen [1]. Dennoch besteht eine Gefahr darin, dass Daten erhoben und Informationen bereitgestellt werden, die den

© Der/die Autor(en), exklusiv lizenziert durch Springer Fachmedien Wiesbaden GmbH, ein Teil von Springer Nature 2021
G. Loscher, *Quick Guide People Analytics,* Quick Guide,
https://doi.org/10.1007/978-3-658-34731-4_3

Anwendern keine zusätzlichen Informationen bieten [2]. Werden nämlich Auswertungen nicht konsequent an den Informationsbedürfnissen der Linienmanager, der Führungskräfte sowie der Entscheider im Personalmanagement ausgerichtet, entfalten die neuen Personalinformationen auf Basis von People Analytics keine Wirkung. Um dies zu verhindern, bietet es sich an, People-Analytics-Auswertungen auf personalbezogene Fragestellungen mit Relevanz für die Wettbewerbsfähigkeit des Unternehmens auszurichten [3, 4].

Zentrale Bezugspunkte für die Entwicklung von People-Analytics-Fragestellungen stellen somit nicht die technisch und fachlich möglichen Auswertungen, sondern die Nutzer der Informationen und ihre Informationsbedürfnisse dar. Ein unternehmerischer Mehrwert für Führungskräfte und Personalmanager entsteht durch drei Arten von People-Analytics-Ergebnissen [5]:

1. *Neue Erkenntnisse:* People Analytics liefert Informationen für Führungskräfte, die es erlauben, blinde Flecken aufzudecken und so Entscheidungen zu verbessern.
2. *Problemlösungen:* People Analytics liefert durch die Analysen Ansätze zur Lösung von personalbezogenen Problemen.
3. *Evaluation und Verbesserung bestehender Prozesse und Abläufe:* People Analytics liefert Ansatzpunkte zur Verbesserung bestehender Prozesse und Praktiken sowie zur Überprüfung ihrer Wirksamkeit.

Wesentlich für die erfolgreiche Anwendung von People-Analytics-Instrumenten ist somit der Nutzen für Führungskräfte und Personalmanager. Mit neuen Erkenntnissen schaffen People-Analytics-Ergebnisse eine Informationsgrundlage für Entscheidungen, die einen höheren unternehmerischen Mehrwert generieren (z. B. Identifikation von Treibern der Mitarbeiterzufriedenheit). Durch die Identifikation von Ansätzen zur Problemlösung im Bereich Personalmanagement können evidenzbasierte Handlungsalternativen entwickelt werden, um so einen positiven Einfluss auf Treiber der organisationalen Leistung zu entfalten (z. B. Vorschläge zur Reduktion von Frühfluktuation oder zur Erhöhung der Bindung von Mitarbeitern). Mit der Evaluation und Verbesserung bestehender Prozesse und Abläufe ermöglichen

People-Analytics-Ergebnisse eine höhere Effizienz oder Effektivität, da sich die Wirksamkeit von bestehenden Problemlösungen im Personalmanagement erhöht (z. B. durch eine Analyse der Recruiting-Kanäle mit den höchsten Rücklaufquoten und der besten Bindungsquote). People-Analytics-Initiativen entfalten durch den so entstandenen unternehmerischen Mehrwert e ihre Wirkung auf Entscheidungen.

Informationsbedürfnisse von Managern
Um ihren Tätigkeiten nachgehen zu können, benötigen Manager spezifische Informationen zur Planung, Kontrolle und Rechenschaft über Aktivitäten ihres Verantwortungsbereichs. Daher müssen vorhandene Daten entscheidungs- und problemorientiert dargestellt werden, um zu einer Information zu werden. Informationen werden umso wichtiger, je stärker sie zu Entscheidungen eines Managers beitragen. Zudem werden bestimmte Informationen auch für die Rechenschaft gegenüber Vorgesetzten, Eigentümern und Fremdkapitalgebern sowie weiteren Stakeholdern benötigt. Zusammen ergibt sich aus diesen Anforderungen das Informationsbedürfnis von Managern.

Neben der Verbesserung von Informationsgrundlagen und der damit verbundenen Wirkung spielt der durch prototypische People-Analytics-Anwendungen aufgezeigte monetäre Nutzen von personalbezogenen Analysen eine bedeutende Rolle für die Akzeptanz und Förderung von People-Analytics-Initiativen [6]. Denn ohne den unternehmerischen Mehrwert von Informationen bleibt eine Legitimation von Investitionen in Personalmanagementinformationssysteme (Abschn. 3.3.1) und People-Analytics-Fähigkeiten gegenüber der Geschäftsführung schwierig. So zeigt sich die Qualität von People-Analytics-Ergebnissen in der Verknüpfung von datengetriebenen Analysen mit potenziellen Auswirkungen auf finanzielle Ergebnisse.

Wurden erste Anwendungsmöglichkeiten identifiziert, kann das Personalmanagement einen *Business Case* für People-Analytics-Instrumente formulieren [5]. Ausgangspunkt für den Business Case stellt eine personalbezogene Herausforderung für das Management dar. Dabei ist es Aufgabe der Projektverantwortlichen im Personalmanagement, dieses Problem im Kontext der Geschäftstätigkeit zu verstehen und zu analysieren. Dazu erarbeiten die Projektverantwortlichen mit Hilfe von People-Analytics-Methoden kontextbezogene

Lösungsvorschläge. Diese dienen als Ausgangspunkt für die Erstellung von alternativen Szenarien inklusive ihrer finanziellen Auswirkungen, die wiederum den Entscheidern dann als Grundlage für die Lösung der Problemstellung dienen können [5].

Business Case

Ein Business Case ist eine Entscheidungsgrundlage für das Management über eine mögliche Investition. Dabei fasst der Business Case potenzielle strategische und finanzielle Wirkungen der Investition oder eines Projekts zusammen. Zunächst wird die Ausgangssituation beschrieben, dann die Problemstellung, der das Unternehmen gegenübersteht, die Handlungsoptionen und ihre monetären (Kosten und Erlöse) sowie nicht monetären Auswirkungen (Chancen und Risiken) analysiert. Auf Basis dieser Analysen wird eine Entscheidung empfohlen.

Als typischer Einstieg, um den Business Case für People Analytics aufzuzeigen, werden oft die Auswirkungen von Absenzquoten (Abwesenheit durch Krankheit, etc.) genutzt. Auf der einen Seiten können die People-Analytics-Projektverantwortlichen bei Absenzen relativ einfach die monetären Konsequenzen aufzeigen und auch die Auswirkungen einer Senkung von Absenzen. Auf der anderen Seite kann auf Basis dieser einfachen Analyse das People-Analytics-Team explorativ die Treiber der Absenzenquote identifizieren und Zusammenhänge aufzeigen. Dabei kann durchgespielt werden, welche Treiber die höchsten Auswirkungen auf die Absenzenquote und die damit verbundenen Kosten haben.

Nach Phillips [6] können im Rahmen der Entwicklung von Business Cases für People Analytics fünf Projekttypen dargestellt werden. Das zentrale Argument von Phillips [6] ist, dass für die Geschäftsleitung am Ende der verschiedenen People-Analytics-Projekte stets die Bedeutung des Returns on Investment (ROI) im Vordergrund steht (vgl. Abb. 3.1). Dabei unterscheidet er zwischen folgenden Projekttypen:

1. *Daten zu Geld:* Ziel solcher Projekte ist es, den monetären Wert von Verhalten zu analysieren und Veränderungen der Daten als

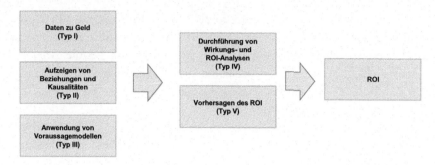

Abb. 3.1 Business-Case-Typen von People-Analytics-Projekten. (Eigene Abbildung)

monetäre Werte abzubilden (z. B. Veränderungen in der Motivation der Mitarbeiter, Gesundheit, Stress, Mitarbeiterzufriedenheit und ihr jeweiliger monetärer Wert).

2. *Aufzeigen von Beziehungen und Kausalitäten:* Diese Projekte zielen darauf ab, Zusammenhänge zwischen verschiedenen Variablen aufzuzeigen (z. B. der Zusammenhang zwischen Mitarbeiterzufriedenheit und Retention oder Kundenzufriedenheit).

3. *Anwendung von Voraussagemodellen:* Dieser Typ baut auf Typ 2 auf und prognostiziert auf Basis einer Variablen eine andere Variable (z. B. Bewerbungskanal und Dauer der Bindung oder Vergütung und Verbleib im Unternehmen).

4. *Durchführen von Wirkungs- und ROI-Analysen:* Hier wird die Auswirkung von bestimmten Personalprogrammen auf Verhalten und ROI analysiert (z. B. Wirkungen eines längeren Verbleibs bestimmter Mitarbeitergruppen im Unternehmen).

5. *Vorhersage des Returns on Investment:* Ziel ist es hier, die Auswirkungen der Implementierung größerer Projekte auf die zu erwartenden Erträge und Kosten vorherzusagen und damit eine Entscheidungsvorlage zu liefern (z. B. Einführung einer neuen Gehaltsstruktur).

Phillips [6] betont, dass eine Verknüpfung von People-Analytics-Projekten mit monetären Auswirkungen zentral für deren Erfolg innerhalb des Unternehmens ist, denn die Sprache der Führungskräfte in Unternehmen orientiert sich an monetären Erfolgen. Dies sollte entsprechend auch bei der Argumentation für den Business Case People Analytics berücksichtigt werden [6]. Idealerweise lassen sich Problemstellungen im Rahmen der Entwicklung eines Business Case daher einer dieser fünf Projektkategorien zuordnen.

Im Rahmen der Entwicklung des Business Case für People Analytics kann von einem Dreiklang aus unternehmerischer Fragestellung, Datengrundlage und Datenanalyse gesprochen werden (Abb. 3.2). Dabei hat die unternehmerische Fragestellung die höchste Bedeutung für die erfolgreiche Entwicklung des Business Case. Sie dient dazu, die Stakeholder im Unternehmen, vor allem das Management, von der neuartigen Vorgehensweise zu überzeugen.

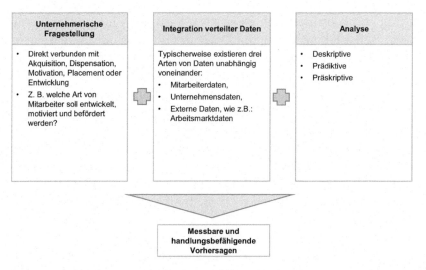

Abb. 3.2 Dreiklang aus unternehmerischer Fragestellung, Datengrundlage und Datenanalyse. (Eigene Abbildung)

3.2 Vorgehensmodell für People-Analytics-Projekte

Ein zentraler Bestandteil von People-Analytics-Projekten ist die Einführung eines evidenzbasierten, datengetriebenen Vorgehens im Personalmanagement. Dabei orientieren sich die Datenanalysen an den Vorgehensweisen von empirischer Forschung in der Wissenschaft. Für empirische Wissenschaften wie beispielsweise Soziologie, Psychologie und Betriebswirtschaftslehre ist die Beantwortung von Fragestellungen anhand der Empirie zentral. Empirie beschreibt dabei die methodisch-systematische Sammlung von Daten, d. h. von Belegen aus der Realität. Dabei soll aufgrund des systematischen Vorgehens der Sammlung von Daten ein Sachverhalt – z. B. innerhalb eines betrieblichen Kontexts – möglichst verzerrungsfrei abgebildet werden. Entscheidungen auf Basis der empirischen Befunde sind daher evidenzorientiert. Das wissenschaftliche Vorgehensmodell basiert dabei auf sechs Schritten, die im Folgenden beschrieben werden (siehe für das folgende Vorgehen exemplarisch [7] und Abb. 3.3).

Den *ersten Schritt* für ein People-Analytics-Projekt stellt die Identifikation eines Problems dar. Wie in Abschn. 3.1 beschrieben, ist die Relevanz für die Führungskräfte ein entscheidender Faktor für den Erfolg von People-Analytics-Projekten. Jenseits dessen muss aber das Problem definiert und abgegrenzt werden. Will man sich beispielsweise dem Thema Fluktuation nähern, wäre eine mögliche Problemabgrenzung die Analyse freiwilliger Kündigungen. Diese Problemstellung kann je nach Bedarf noch weiter eingeschränkt werden, indem man sich auf Schlüsselpersonal, bestimmte Abteilungen oder bestimmte Regionen konzentriert.

Den *zweiten Schritt* stellt eine fundierte Recherche zur Problemstellung dar. Für die meisten Probleme mit Personalbezug existieren in der wissenschaftlichen Literatur bereits Ansätze und Evidenz für mögliche Zusammenhänge. Dies spart einerseits wertvolle Zeit und damit Kosten, da die relevanten Einflussfaktoren – z. B. durch eine Metaanalyse (Zusammenfassung der Effekte mehrerer Studien zum Thema) – bereits bestimmt sind. Andererseits können die eigenen Ergebnisse

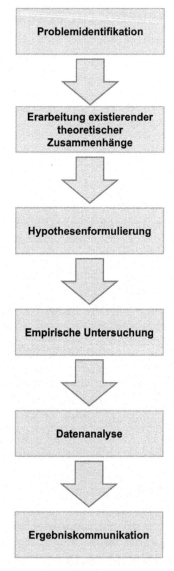

Abb. 3.3 Sechs Schritte des wissenschaftlichen Vorgehens. (Eigene Abbildung)

mit Werten aus diesen wissenschaftlichen Studien verglichen werden. Am Beispiel der Fluktuation gibt es zahlreiche Studien zum „Turnover" (Fluktuation), hier wurde beispielsweise regelmäßig die Jobzufriedenheit als ein wesentlicher Prädiktor für Kündigungsverhalten genannt.

Der *dritte Schritt* ist nun die Formulierung einer Arbeitshypothese. Hypothesen sind Aussagen auf Basis des Literaturüberblicks und der vermuteten Zusammenhänge im konkreten Fall. Hypothesen sollten dabei möglichst spezifisch sein und auf die Problemstellung bezogen werden. Die Formulierung von Hypothesen ist an „Wenn-dann"-Aussagen orientiert und bezieht die möglichen Einflussfaktoren auf das Ergebnis mit ein. Beispielsweise könnte eine Hypothese lauten: „Wenn sich die Jobzufriedenheit im Verlauf eines Jahres negativ verändert, dann ist eine Kündigung wahrscheinlicher". An dieser Hypothese sieht man, dass Hypothesen auch einen Einfluss auf das Forschungsdesign haben (hier: mehrere Messzeitpunkte über ein Jahr) und auch die Datenerhebung bestimmen (Variable: Jobzufriedenheit).

Der *vierte Schritt* ist dann das Testen der Hypothesen anhand von Daten. Daten können dabei eigens für die Fragestellung erhoben werden oder aus bereits bestehenden Datensammlungen genutzt werden. Auf einer ersten Ebene können dabei qualitative Daten (z. B. Texte aus E-Mails, Interviews, Fotos, Beobachtungen etc.) von quantitativen Daten (z. B. Daten aus Experimenten, Fragebögen etc.) unterschieden werden. Auf einer zweiten Ebene spielt die Verfügbarkeit von Daten eine Rolle: Können Daten aus den Datenbanken der Organisation verwendet werden, müssen zusätzliche Daten erhoben werden oder bestimmte vorhandene qualitative Daten in quantitative Daten transformiert werden. Zentral für die Datenverwendung ist aber die Güte der Messung. Für Daten, die bewusst erhoben werden, gilt, dass idealerweise validierte Konstrukte aus der arbeits- und organisationspsychologischen Forschung verwendet werden. Diese haben den Vorteil, dass sie das richtige Phänomen messen. Für Daten, die bereits vorhanden sind, gilt, dass sehr bewusst geprüft werden muss, was gemessen wurde, wie es gemessen wurde und ob die Messung zu den weiteren Konstrukten im Forschungsdesign passt. Beispielsweise existieren für Jobzufriedenheit verschiedene validierte Konstrukte, die eine hohe Reliabilität aufweisen.

Im *fünften Schritt* werden die Daten nun ausgewertet, um die Hypothesen zu testen. Für quantitative Designs existieren je nach Fragestellung unterschiedliche Auswertungsmethoden (Abschn. 3.4). Beispielsweise können ANOVA und t-tests zum Vergleich von Mittelwerten von zwei Variablen genutzt werden; Korrelationen und Regressionen werden genutzt, um Zusammenhänge zwischen Variablen zu testen; Veränderungen über die Zeit erfordern komplexere multivariate Verfahren. Trotz der mathematischen Abbildung von Zusammenhängen ist bei der Interpretation eine gewisse Vorsicht notwendig, denn Modelle bilden immer nur einen Teil der Realität ab und das Einbeziehen bzw. die Unterdrückung von Variablen ist auch abhängig von den Wertungen der Modellierer.

Im *sechsten Schritt* werden die Ergebnisse kommuniziert. Dieser Schritt ist nicht zu unterschätzen, da die Visualisierung der Ergebnisse und die Geschichte, die damit erzählt wird, einen starken Einfluss auf die Wahrnehmung der Entscheider haben. Es sollten auch die Limitationen der Ergebnisse berücksichtigt und kommuniziert werden.

Dieses an wissenschaftlicher Forschung orientierte Vorgehen hilft dabei, Sachverhalte systematisch zu bearbeiten. Grundsätzlich handelt es sich bei Projekten auf Basis des wissenschaftlichen Vorgehens um Einzelprojekte, diese können aber die Schwachstellen in der Datenbasis, in den Berichtsprozessen und der Softwarebasis aufdecken. Außerdem lassen sich auf Basis dieser Einzelprojekte typische Anwendungsfälle erstellen, die später auch skalierbar und automatisierbar sind. Somit können die Daten für die Auswertungen regelmäßig erhoben und langfristig als automatisiertes Dashboard gepflegt werden (Abschn. 3.5).

3.3   Datengrundlagen für People Analytics

Für die Durchführung von People-Analytics-Projekten müssen ausreichend und qualitativ-hochwertige Daten im Unternehmen verfügbar sein. Diese Daten können aus einer Vielzahl unterschiedlicher Datenquellen gewonnen werden. Im Folgenden werden zuerst verschiedene Quellsysteme von Daten dargestellt, dann die Bedeutung von Datenverfügbarkeit und -qualität diskutiert sowie abschließend die Vorteile hochautomatisierter Datenbereitstellung angesprochen.

3.3.1 Quellsysteme für Analysen

In den letzten Jahren hat sich die Verfügbarkeit von Daten in Unternehmen generell erhöht [8]. Dies liegt einerseits an der zunehmenden Verflechtung von Arbeitsprozessen und dafür notwendigen Softwareprodukten oder Technologien (Plattformen, vernetzte Produktion etc.), zum anderen an der zunehmenden Durchdringung der Alltagswelt mit digitalen Produkten.

So legen beispielsweise Karrierenetzwerke zumindest einen Teil des Arbeitsmarktes offen oder firmeninterne soziale Netzwerke erlauben, Stimmungen bzw. Wissensträger zu identifizieren. Dennoch bleiben eine zentrale Datenquelle für People-Analytics-Projekte klassische Enterprise-Resource-Planning (ERP)-Systeme und damit verbundene Human Resource Information Systems (HRIS) [7, 9]. Der große Vorteil solcher Systeme ist die Verfügbarkeit von Daten über verschiedene Unternehmensfunktionen (ERP) und Personalfunktionen (HRIS) hinweg. Gerade durch HRIS kann ein Großteil der operativen Personalarbeit automatisiert werden und dabei die Datenverfügbarkeit erhöht werden. Denn statt HR-Software für einzelne Funktionen zu beschaffen und dort Daten getrennt voneinander zu verarbeiten, integriert ein HRIS diese Datenbasis, erhöht dadurch generell die Datenverfügbarkeit und erlaubt so vielfältige Auswertungsmöglichkeiten.

Enterprise-Resource-Planning-Systeme

ERP-Systeme stellen Softwareprodukte zur betriebswirtschaftlichen Steuerung von Unternehmen dar. Sie zielen darauf ab, Daten und Prozesse zu integrieren und zu koordinieren. Dies geschieht über die verschiedenen Funktionen des Unternehmens hinweg, um Entscheidungen aus einer ganzheitlichen Perspektive auf das Unternehmen zu ermöglichen. Ein bekanntes Beispiel ist die Anwendung SAP.

Kavanagh und Johnson [9] haben eine Typologie von HRIS-Systemen erstellt und unterscheiden vier Typen von Systemen mit unterschiedlichen Zielen. Erstens, operative HRIS-Systeme zielen auf eine höhere Effizienz von transaktionsorientierten Prozessen ab, die Massendaten erzeugen, welche dann möglichst effizient abgearbeitet werden müssen. Ziele sind die Arbeit von Personalmanagern zu automatisieren, die Fehlerraten zu senken und die Datenqualität zu erhöhen und so insgesamt kosteneffizienter in den Massentransaktionsprozessen zu werden. Ein typisches Beispiel für ein solches System stellt die Gehaltsabrechnung dar. Zweitens, managementorientierte HRIS-Systeme zielen auf die Informationsbereitstellung für Führungskräfte ab, sie sind eine Form von Managementinformationssystemen, unterstützen regelmäßige Entscheidungen und stellen regelmäßige sowie Ad-hoc-Berichte bereit. Beispiele im Personalmanagement umfassen Systeme zur Kennzahlenbereitstellung wie z. B. Full-Time Equivalents. Drittens, führungsorientierte HRIS-Systeme stellen aggregierte und zusammengefasste Daten bereit; als Führungsinformationssysteme unterstützen sie das Management in langfristigen und strategischen Fragestellungen und Entscheidungen. Ein Beispiel im Personalmanagement sind z. B. Nachfolgeplanungen oder Daten für eine Balanced Scorecard. Viertens, Boundary-Spanning-orientierte HRIS-Systeme, die nach Kavanagh und Johnson [9] verschiedene HRIS-Systeme zusammenfassen:

- *Entscheidungsunterstützungssysteme,* die der interaktiven und iterativen Entscheidungsfindung dienen sowie Simulationen und Szenarioanalysen ermöglichen, z. B., um den Personalbedarf zu ermitteln oder Skillanalysen durchzuführen,
- *Expertensysteme,* die menschliches Wissen in Informationssysteme integrieren und als Ziel eine Entscheidungsautomatisierung haben, wie es zum Beispiel bei der Vorauswahl von Bewerbern passiert.
- *Kollaborationstechnologien,* die die Zusammenarbeit erleichtern und eine Kommunikation zwischen Mitarbeitern ermöglichen, z. B. in Firmen-Wikis, Online-Konferenzen und Ähnlichem.
- *Produktivitätssoftware,* die Prozesse im alltäglichen Büroalltag automatisiert, Vorlagen bereitstellt und dadurch Workflows einfacher gestaltet (z. B. automatisierte Urlaubsanträge).
- Schnittstellen zu *ERP-Systemen,* die Daten aus den HRIS zusammenfassen und über die unterschiedlichen Unternehmensfunktionen zentralisieren, eine einheitliche Datenquelle ermöglichen und zentral für die Softwarearchitektur im Unternehmen sind.

Alle diese Systeme erfassen Daten und speichern diese ab. Für People-Analytics-Projekte können diese bereits vorhandenen Daten genutzt werden. Eine Schwierigkeit stellt die Integration dieser verschiedenen Quelldaten dar.

Neben den Daten aus den HRIS-Systemen werden vielfältige andere Daten durch Mitarbeiter generiert, so zum Beispiel in den unternehmensinternen Social-Media-Kanälen, durch Bewertungen von Vorgesetzten oder durch Befragungen. Diese sollten auch für Analytics-Projekte zur Verfügung stehen. Außerdem können je nach Fragestellung eigene Daten erhoben werden (Experimente oder Fragebögen), die dann mit Daten des HRIS und Performance-Daten aus den ERP-Systemen oder anderen operativen Systemen verknüpft werden und so zusätzliche Tools zur Datengewinnung genutzt werden. Ziel muss es dabei sein, über den Lebenszyklus des Mitarbeiters und die damit verbundenen Personalmanagementfunktionen relevante und ausreichende Datengrundlagen für systematische Analysen bereitzustellen [7].

3.3.2 Datenverfügbarkeit und Datenqualität

Auch wenn zentrale Systeme für die Datenverarbeitung und -speicherung existieren, bestehen hohe Anforderungen an die Güte der Daten, denn wenn die Datengrundlage lücken- oder fehlerhaft ist, werden die Analysen entsprechend nur wenig aussagekräftige Ergebnisse liefern. Daher ist ein wichtiger Faktor für erfolgreiche People-Analytics-Projekte die Datenqualität im Personalbereich. Dabei gilt es, im Zweifel mit wenigen, dafür nachhaltig gepflegten Datenpunkten zu arbeiten und so eine sichere Datenbasis zu haben.

Zuerst gilt es dabei, die für Entscheidungen relevanten Daten zu identifizieren [11]. Oft besteht ein Grundproblem aber darin, dass Führungskräfte und Manager ihren Datenbedarf nicht kennen. Abhilfe bieten dabei die Entscheidungen, die von Führungskräften regelmäßig getroffen werden, und die damit verbundenen Analysen. So können in den meisten Unternehmen Entscheidungen im Laufe von Prozessen bzw. Arbeitsabläufen relativ leicht identifiziert werden. Von den für diese Entscheidungen nötigen Analysen kann wiederum auf die nötigen

Daten geschlossen werden. Diese können dann entweder zusätzlich erhoben und gespeichert oder aus den Quellsystemen extrahiert werden (siehe auch Abb. 3.4).

Auf Basis dieser so identifizierten Anforderungen an Daten kann nun die Qualität der vorgehaltenen Daten geprüft werden. Um die Datenqualität langfristig hochzuhalten bzw. zu erhöhen, kann in drei Schritten vorgegangen werden [10].

1. Im Rahmen der Bestimmung von ersten Use Cases werden die Informationsbedürfnisse der HR-Führungskräfte und der Linienmanager klarer. Auf Basis der Informationsbedürfnisse entlang der Personalfunktionen können die notwendigen Daten für Entscheidungsgrundlagen definiert werden [7]. Hierbei ist es wichtig, die Datenerhebung auf diese Informationsbedürfnisse abzustimmen. Idealerweise wird hier bereits entlang des Mitarbeiterlebenszyklus gedacht und für die einzelnen Phasen die passenden Use Cases sowie dafür notwendigen Daten bestimmt. Dabei sollten in dieser Stufe auch die möglichen datenschutzrechtlichen Bedenken bereits einbezogen und darauf geachtet werden, dass auf Basis der Auswertungen kein Rückschluss auf individuelle Mitarbeiter, sondern nur auf Mitarbeitergruppen gezogen werden kann.
2. Im zweiten Schritt wird auf Basis der so eingegrenzten Daten deren Form und Inhalt definiert [7]. Ziel ist es dabei, im Unternehmen eine einheitliche Definition für Datenpunkte (z. B. Fluktuation)

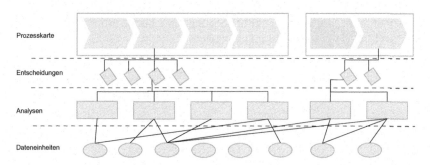

Abb. 3.4 Zusammenhang von Prozessen, Entscheidungen und Dateneinheiten. (Eigene Abbildung)

und auch ein hohes Bewusstsein für die Bedeutung der Datenpflege zu schaffen, denn die Pflege von Daten nach einheitlichen Standards reduziert Tätigkeiten zur Datenaufbereitung in den Analyseschritten. Außerdem wird durch ein einheitliches Verständnis sichergestellt, dass ähnliche Sachverhalte identisch in den Daten abgebildet werden und so gleiche Sachverhalte nicht unterschiedlich und unterschiedliche Sachverhalte nicht gleich in den Datenbanken dargestellt werden. Als Beispiel kann hier das Thema Fluktuation bzw. Verlassen der Organisation genannt werden. Das Personalmanagement kann Fluktuationszeitpunkte sehr unterschiedlich behandeln (z. B. Elternzeit als ‚Verlassen‘ der Organisation etc.). Einheitliche Definitionen helfen hier bei der richtigen Erfassung und Zuordnung von Fluktuation. An diesem Beispiel zeigt sich auch, dass der falsche Input (Verlassen der Organisation, obwohl das Vertragsverhältnis nur ruht) auch zu falschen Ergebnissen führt und die Analyse somit nutzlos ist („Garbage in – Garbage out") [7].

Garbage in = Garbage out

Garbage in = Garbage out (Müll rein = Müll raus) beschreibt das Phänomen, dass ein Computer nicht selber denkt, sondern Daten, so wie sie eingegeben werden, auf Basis seiner Programmierung verarbeitet. Sind die Input-Daten fehlerhaft, funktioniert zwar der Prozess der Verarbeitung störungsfrei, die Output-Daten sind aber trotzdem fehlerhaft.

3. Im dritten Schritt geht es darum, die Datenhaltung so zu organisieren, dass eine möglichst hohe Datenverfügbarkeit und -qualität sichergestellt ist [7]. Hier gibt es wiederum zwei Möglichkeiten:

1. *Data Warehouses:* Data Warehouses speichern Daten auf Basis relationaler Datenbanken, das heißt, Daten werden vorausgewählt und dann strukturiert gespeichert. Entsprechend findet sich auch nur ein Bruchteil der möglichen Daten in der Datenbank wieder.

2. *Data Lakes:* Data Lakes basieren auf der Hadoop-Technologie. Ein zentrales Merkmal ist die Speicherung unstrukturierter Rohdaten, die erst im Rahmen der Analyse aufbereitet und strukturiert werden. Dabei zielen Data Lakes darauf ab, möglichst umfassend Daten zu sammeln und zu speichern.

Gerade mit dem Aufkommen von Big-Data-Ansätzen hat sich die Verwendung von Data Lakes verstärkt und ermöglicht diese Nutzung auch erst, da hier Daten in ausreichender Menge existieren und so die Exploration von Zusammenhängen ermöglichen. Für das Personalmanagement gilt, dass im Rahmen der klassischen Personaldatentendenziell eher geringe Datenmengen zu verarbeiten sind und daher Big-Data-Ansätze oft an den nur geringen Datenmengen scheitern [7].

3.3.3 Von den Rohdaten zur Entscheidung: Vorteile automatisierter Datenbereitstellung

Grundsätzlich kann der Prozess von den Rohdaten zur Entscheidung in People-Analytics-Projekten in fünf Schritten dargestellt werden (siehe auch Abb. 3.5 und [12]):

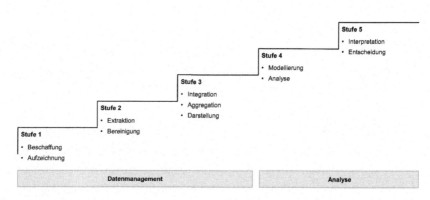

Abb. 3.5 Stufen von den Rohdaten zur Entscheidung. (Eigene Abbildung)

- Zuerst müssen die Daten beschafft und aufgezeichnet werden (z. B. über Quellsysteme oder eigenständige Datenerhebung).
- Die Daten müssen im zweiten Schritt extrahiert und bereinigt werden.
- Im dritten Schritt der vorbereitenden Tätigkeiten werden Daten integriert, aggregiert und können dann als Datengrundlage dargestellt werden. Bis hier geht es dabei um Datenmanagement und nicht um eine Analyse.
- Diese Analyse setzt bei der Modellierung und den weiteren Analyseverfahren im vierten Schritt an.
- Im fünften Schritt können die Ergebnisse nun interpretiert werden und Entscheidungen getroffen werden.

Auch wenn diese Arbeitsschritte im Personalmanagement oft noch manuell durchgeführt werden oder die einzelnen Datenpunkte für Analysen über verschiedene Quellsysteme verteilt sind, hat das Anstreben eines höheren Automatisierungsgrades und einer höheren Datenverfügbarkeit einige Vorteile [7], denn ein systematisches Design von HR-Systemen führt dazu, dass Prozesse schneller, effizienter und mit weniger Medienbrüchen durchgeführt werden können. Außerdem verringert sich die Fehleranfälligkeit, wenn Daten von den eingebenden Mitarbeitern selbst geprüft werden können. Neben diesem Vorteil für die operative Personalarbeit unterstützt die hohe Datenverfügbarkeit die Bereitstellung von aktuellen Informationen für das Personalmanagement und die Linienmanager. Dabei können Berichte automatisiert werden und Einzelanalysen ohne aufwendiges Zusammentragen von Einzelquellen erstellt werden. Für die Gesamtorganisation besteht der Vorteil darin, dass Personaldaten mit weiteren Performance-Daten verknüpft werden können und daher die Analysen zu Personalthemen aufgrund der besseren Datenvergleichbarkeit und -qualität höhere Aussagekraft haben [7].

Digitalisierung im Personalmanagement
Ulrich [14] unterscheidet vier Phasen der Digitalisierung und Technologienutzung im Personalmanagement:

- In der ersten Phase wird eine Technologieplattform zur Verbesserung des Managements von Personalprozessen aufgebaut, indem zum Beispiel SAP oder Workday eingeführt wird. In dieser Phase ist das Hauptziel „Effizienz".
- In der zweiten Phase werden Technologien genutzt, um bestehende Praktiken des Personalmanagements zu verbessern, z. B. durch Online- oder Videovorstellungsgespräche bzw. Social-Media-Recruiting, diese Phase zielt auf „Effektivität" ab.
- In der dritten Phase treten das Teilen von Informationen und der Zugang zu strukturierten und unstrukturierten Daten in den Vordergrund, das Hauptziel ist dabei eine bessere „Personalinformation".
- In der vierten Phase tritt das Thema Employee Experience in den Vordergrund; Technologien werden genutzt, um soziale Netzwerke zu stärken, emotionale Verbindungen zu schaffen und Erfahrungen zu teilen. Hier ist es Hauptziel, eine technologiebasierte Employee Experience zu liefern.

3.4   Methodische Grundlagen von People Analytics

Im Folgenden werden zuerst unterschiedliche Reifegrade von People-Analytics-Methoden beschrieben, dann kurz sozialwissenschaftlich-statistische Herangehensweisen vorgestellt und abschließend Big-Data-Verfahren im Überblick dargestellt.

3.4.1 Reifegrade von Methoden der People Analytics

Um die deskriptiven, prädiktiven und präskriptiven Auswertungen für People Analytics durchführen zu können, existieren verschiedene methodische Vorgehensweisen [13]. Typischerweise unterscheidet die Forschung Analytics-Methoden nach ihrem Reifegrad:

1. *Deskriptiv:* Die deskriptive Beschreibung von Daten umfasst die Identifikation von Mustern und die Klassifikation von Fällen. Sie

werden mit statistischen Methoden zur Beschreibung vergangener Ereignisse durchgeführt. Die zentrale Frage lautet: Was ist passiert?

2. *Prädiktiv:* Prädiktive Analysen werden für Vorhersagen und Prognosen genutzt. Dabei kommen statistische Methoden zur Vorhersage zum Tragen. Eine typische Frage lautet: Was könnte geschehen?

3. *Präskriptiv:* Präskriptive Analysen dienen der Optimierung einer Zielvariablen. Hierbei werden Algorithmen zur Simulation und zur Optimierung eingesetzt. Sie beantworten die Frage: Was sollen wir tun?

Abb. 3.6 stellt die drei Analytics-Arten, beispielhafte Methoden und ihren Reifegrad in Abhängigkeit von Komplexität und Potenzial für die Generierung eines Wettbewerbsvorteils dar. Ziel in jeder Reifegradstufe ist es, handlungsbefähigende und messbare Aussagen zu unternehmerischen Fragestellungen zu generieren. Diese können als zahlenbasierte Fakten für Entscheidungen und Informationen der Unternehmensführung genutzt werden und sind für Dritte nachvollziehbar und kombinierbar.

Neben den klassischen deskriptiven Methoden können klassische sozialwissenschaftlich-statistische Methoden und moderne Methoden der Advanced Analytics als Grundlagen unterschieden werden (Abb. 3.7).

Abb. 3.6 Reifegrad von People-Analytics-Methoden. (Eigene Abbildung)

3.4.2 Klassische sozialwissenschaftlich-statistische Methoden

Als klassische sozialwissenschaftlich-statistische Methoden stehen verschiedene Verfahren zur Verfügung [12]. So können neben Korrelations-, Regressions-, Zeitreihen-, Diskriminanz- und Clusteranalysen auch Entscheidungsbaumverfahren, künstliche neuronale Netze und Assoziationsanalysen zur Untersuchung von Fragestellungen genutzt werden.

Korrelationsanalysen messen Zusammenhänge zwischen Variablen, wohingegen *Regressionsanalysen* Beziehungen zwischen einer abhängigen und einer unabhängigen Variable untersuchen. Korrelationen und lineare Regression dienen zur Beantwortung von Fragestellungen wie:

- Hängen Veränderungen in der Vergütung und der Leistung zusammen?
- Besteht ein Zusammenhang von Krankentagen und Mitarbeiterzufriedenheit?
- Welchen Einfluss haben Initiativen zur Leistungserhöhung auf die Produktivität?
- Wie beeinflusst die Zufriedenheit mit Führungskräften die Bindung von Mitarbeitern?

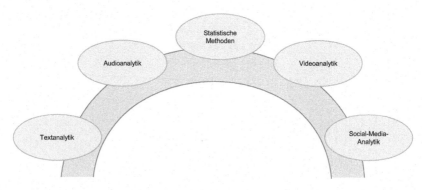

Abb. 3.7 Überblick über Analysemethoden. (Eigene Abbildung)

Solche Analysen helfen der Personalabteilung, Zusammenhänge und Beziehungen zwischen organisationalen und individuellen Variablen zu analysieren und aufzudecken. Logistische Regression kann zusätzlich dazu dienen, auf Basis vergangener Daten ein Modell zu erstellen, das signifikante Prädiktoren für Entscheidungen modelliert: Ein solches Modell kann zum Beispiel bei Auswahlentscheidungen (Einstellungen, Beförderungen etc.) genutzt werden.

Zeitreihenanalysen stellen eine Spezialform der Regressionsanalyse dar und zielen auf die Prognose von Trends ab. Auch Zeitreihenanalysen können im Personalmanagement hilfreich für die Beantwortung von Fragestellungen sein. Typischerweise werden Fragen des Personalbedarfs durch solche Methoden untersucht.

Diskriminanzanalysen dienen zur Klassifikation und somit zur Unterscheidung von Gruppenzugehörigkeiten. Explorativ gehen dahingegen *Clusteranalysen* mit der Suche nach Ähnlichkeitsstrukturen (Ballungen) in großen Datenmengen vor. Diskriminanz- und Clusteranalysen können im Personalmanagement für Fragestellungen wie Nachfolgeplanungen oder Weiterentwicklung genutzt werden. Die Fragestellungen könnten beispielsweise sein: Wer sind zukünftige Führungskräfte? Welche Trainingsbedarfe existieren für unterschiedliche Gruppen? Während die Clusteranalyse explorativ zur Beantwortung vorgeht, nutzt die Diskriminanzanalyse ein strukturbildendes Merkmal zur Zuordnung.

Entscheidungsbaumverfahren klassifizieren Regeln automatisch. Dabei werden historische Daten mit bekannten Ergebnissen genutzt, um Regeln zur Klassifikation zu erstellen. Diese Regeln werden als Baum dargestellt. Entscheidungsbaumverfahren im Personalmanagement können für verschiedene Fragestellungen genutzt werden – beispielsweise für die Voraussage von Jobzufriedenheit verknüpft mit bestimmten weiteren Faktoren wie Vergütung, Qualität der Führungskraft und auch Teamkonstellationen. Andere Anwendungsfälle können Auswahlentscheidungen sein oder auch Prognosen von Mitarbeiter-Entscheidungen auf Basis vergangener Daten (z. B. Kündigungsabsicht, Annahme von Beförderungen oder Versetzungen).

Künstliche neuronale Netze haben das Ziel, Muster zu erkennen. Dabei werden vernetzte und interagierende Neuronen auf Basis

eines Trainingsdatensatzes nachgebildet. Das Lernen kann überwacht, unüberwacht und bestärkend durchgeführt werden. Künstliche neuronale Netze haben für das Personalmanagement vielfältige
Anwendungsmöglichkeiten. So können auf Basis dieser Technologie
im Personalmarketing passende Kandidaten in Jobbörsen identifiziert,
Kündigungsabsichten prognostiziert und die passenden Maßnahmen
zur Verhinderung vorgeschlagen werden. Außerdem kann mithilfe
künstlicher neuronaler Netze eine höhere Individualisierung von
Trainings- und Beförderungspfaden entwickelt werden. Gleichzeitig
können sie zur Prognose von Verhalten und Leistung bei bestimmten
Aufgaben (z. B. Führung) oder als Frühwarnung bei abweichendem und
potenziell gefährlichem Verhalten genutzt werden (Fraud Detection).
Insgesamt können künstliche neuronale Netze eine Vielzahl von Fragestellungen in der Organisation und im Personalmanagement lösen.

Assoziationsanalysen stellen eine auf Korrelationen basierende Suche nach
starken Regeln des gemeinsamen Auftretens von Variablen dar; gerade im
Bereich der Identifikation von Karriere- und Entwicklungspfaden können
sie eine wichtige Rolle für das Personalmanagement spielen.

Sozialwissenschaftlich-statistische Methoden haben in den Analysen
das Problem, dass signifikante Zusammenhänge auch durch statistische
Effekte, wie z. B. Stichprobengröße, entstehen können [12]. Außerdem
können, wenn nicht mehrere Messzeitpunkte genutzt werden, keine
Kausalitäten, sondern nur Korrelationen untersucht werden, sodass
Ursache-Wirkungsbeziehungen in einem formal-statistischen Sinn
nicht aufgestellt werden können. Ein Problem ergibt sich weniger aus
den Methoden als aus den Modellen: Bei Messungen kann ein Teil der
Zusammenhänge durch eine nicht beobachtete Variable erklärt werden
(Endogenitätsproblem).

Tipp zu weiterführender Literatur

Eine sehr nützliche Einführung in die Verwendung unterschiedlicher
sozialwissenschaftlich-statistischer Verfahren im Personalmanagement
inklusive Beispieldatensätzen und schrittweisen Anleitungen für
statistische Berechnungen mit der Software R bietet das Buch von
Banjeree et al. [15].

3.4.3 Big-Data-Verfahren

Neben den sozialwissenschaftlich-statistischen Methoden beginnen Unternehmen auch Big-Data-Verfahren zu nutzen. Diese werden bei großen Mengen an unstrukturierten, aber auch strukturierten Daten interessant. Im Folgenden werden nicht die zugrunde liegenden algorithmischen Verfahren dargestellt, sondern eine Klassifikation anhand der Datengrundlage vorgenommen, um Potenziale der Big-Data-Verfahren besser verstehen zu können. Dabei kann die Datengrundlage in Text-, Audio-, Video- und Social-Media-Analytik unterschieden werden [12]:

- *Textanalytik:* Sie dient dazu, Informationen aus Texten zu extrahieren. Hierbei werden Methoden zur Informationsextraktion, zur Textzusammenfassung, zur Beantwortung von Fragen, aber auch die Sentiment-Analyse genutzt. Typische Quellen für Textanalytik können soziale Netzwerke sein, Blogs, E-Mails oder andere Textdokumente. Erste Softwareangebote analysieren auf Basis von Texten bereits die Charaktereigenschaften eines Bewerbers.
- *Audioanalytik:* Sie nutzt Informationen aus natürlicher Sprache. Hierbei kann zwischen einem transkriptionsbasierten und einem phonetischen Herangehen unterschieden werden. Typische Quellen sind Gesprächsaufzeichnungen und Telefonate. Dies kann zum Beispiel für Feedbackgespräche im Rahmen von Verkaufstrainings genutzt werden.
- *Videoanalytik:* Diese Analytik nutzt Informationen aus Videoaufzeichnungen. Die Analyse von Aufzeichnungen erfolgt entweder nach der Aufzeichnung oder in Echtzeit. Es werden Videos beschrieben und Korrelation mit dem Verhalten von Menschen gemessen. Eine Software indiziert das Video, um so Informationen vergleichen zu können. Quellen können Überwachungskameras, Internetplattformen bzw. weitere Videoquellen darstellen. Im Rahmen des Recruitings können beispielsweise Bewerber verglichen werden.

- *Social-Media-Analytik:* Diese Form nutzt Informationen aus sozialen Medien. Dabei werden strukturierte und unstrukturierte Daten aus sozialen Medien nutzbar gemacht. Hier kann zwischen Contentanalytik und strukturbasierter Analytik unterschieden werden. Bei Contentanalytik ist es das Ziel, automatisiert bestimmte Themen zu überwachen und zu analysieren. Strukturanalytik dient zum Verständnis der Funktionsweise einer Community, der Einflussnahme auf diese und der Entstehung von sozialen Verbindungen. Typische Quellen sind „user generated content" und die Beziehungen sowie Interaktionen zwischen Nutzern, z. B. aus Karrierenetzwerken wie LinkedIn oder Xing.
- Eine weitere Quelle für Analytikverfahren könnten Metadaten aus WLAN-Netzwerken oder Smartphones, Verhalten bei Softwarenutzung, Fahrdaten des Firmenwagens etc. sein.

Insgesamt stellt die automatisierte Auswertung von Massendaten ein großes Potenzial für People Analytics dar, denn durch die feinkörnigere Auswertung von Verhalten kann ein genaueres Bild der Vorbedingungen und Konsequenzen sowie des Verhaltens von Mitarbeitern erzeugt werden [16]. Dies ist jedoch mit oft intransparenten algorithmischen Verfahren verbunden und kollidiert auch in vielen Bereichen mit europäischen Datenschutzstandards [17, 18]. Zudem werden hohe Rechenkapazitäten, ausreichende Datenmengen und ein passender Trainingssatz für die Systeme benötigt. Problematisch bleibt, dass Strukturbrüche nur langsam erkannt werden und daher in einer solchen Situation fehlerhafte Empfehlungen durch die Systeme ausgesprochen werden.

Insgesamt existiert eine Vielzahl von methodischen Möglichkeiten, um People-Analytics-Fragestellungen zu lösen. Diese können von einfachen deskriptiven über sozialwissenschaftlich-statistische Verfahren bis hin zu Big-Data-Analytikverfahren reichen. Zentral bleibt jedoch die Formulierung einer für das Unternehmen relevanten Fragestellung und deren Beantwortung mit robusten Methoden, die auf einen Mehrwert für Entscheider fokussieren.

3.5 Grundlegende Entscheidung: Effizienz oder tiefgehende Analyse

Das übergeordnete Ziel der Einführung von People Analytics stellt die Verbesserung der Entscheidungsunterstützung im Personalmanagement durch Daten dar. Es stellt sich die grundlegende Frage, auf welche Weise die Entscheidungsunterstützung durch People Analytics im Unternehmen erreicht werden soll, denn die Auswahl der Fragestellungen und der damit verbundenen Analysen, Methoden und Daten kann sich an zwei Modellen orientieren [5]:

1. einer möglichst breiten und effizienten Bereitstellung von standardisierten Kennzahlen für eine Vielzahl von Entscheidern oder
2. einer tiefgehenden Analyse einzelner Treiber, Konsequenzen und Verhaltensvariablen zur Information von einzelnen Entscheidern.

Im Folgenden werden zuerst die effizienten Dashboards, dann Analysen komplexer Problemstellungen und abschließend die Kombination beider Möglichkeiten dargestellt.

3.5.1 Dashboards zur effizienten Bereitstellung standardisierter Kennzahlen

Das erste Modell zielt auf eine möglichst effiziente Bereitstellung standardisierter Analysen ab, diese werden in HR-Dashboards als Kennzahlen bereitgestellt [5].

Dashboard

Dashboards visualisieren systematisch komplexe Unternehmensdaten. Hierzu werden Kennzahlen als Tachometer, Säulen- oder Tortendiagramme in Ampelfarben dargestellt, sodass eine cockpitähnliche Anzeige entsteht. Die Dashboards dienen der Visualisierung von standardisierten Analysen des Datenbestands und unterstützen so Führungskräfte in alltäglichen Entscheidungen.

In diesem Modell ist der Ausgangspunkt eine bewusste Auswahl von Kennzahlen, die sich aus bestehenden Informationssystemen und Datenbanken extrahieren und dann kombinieren lassen. Ziel dabei ist es bisher, im Einzelfall oder regelmäßig manuell durchgeführte Analysen für Entscheidungsträger zu automatisieren und einer möglichst breiten Anzahl an Entscheidungsträgern im Unternehmen zur Verfügung zu stellen. Dabei kann der Entscheider im Self-Service oder zusammen mit dem HR-Business-Partner die Kennzahlen nach verschiedenen Segmentierungen, wie z. B. nach Abteilungen oder Dauer der Betriebszugehörigkeit, auswerten. Typischerweise nutzen diese Dashboards deskriptive Analysen auf Basis vorhandener Daten, sodass das Aufbereiten von bestehenden Kennzahlen des Personalcontrollings, wie z. B. Kündigungsraten, Vakanzen, Time to hire oder Vollzeitäquivalente, automatisiert wird.

Der Fokus in diesem Modell liegt dabei auf der Entwicklung einer funktionsfähigen Datengrundlage in den Quellsystemen und der Verknüpfung von Daten zu Kennzahlen sowie ihrer Bereitstellung und Visualisierung im Dashboard (hierzu werden beispielsweise Softwarewerkzeuge wie KNIME oder PowerBI genutzt). Dabei gilt, wie in allen Berichtssystemen, dass eine effiziente Bereitstellung von regelmäßig benötigten Kennzahlen zur Entscheidungsunterstützung die wichtigste Aufgabe in diesem Modell ist. Hierzu bedarf es konzeptioneller Überlegungen, welche personalbezogenen Sachverhalte gemessen und regelmäßig zur Entscheidungsunterstützung bereitgestellt werden sollen. People Analytics wird in dieser Vorgehensweise einer möglichst breiten Gruppe von Anwendern ohne Spezialkenntnisse in der Organisation ermöglicht und diese betreiben eigenständig die Datenanalyse im Rahmen der bereitgestellten Kennzahlen [19].

3.5.2 Tiefgehende Analysen zur Lösung von komplexen Problemstellungen

Das zweite Vorgehen basiert auf einem anderen Weg. Statt standardisierter Analysen beantworten die Analyticsspezialisten spezifische Problemstellungen von Entscheidern durch Daten [5].

Dabei nutzen die Analyticsspezialisten das wissenschaftliche Vorgehen, um das Problem zu definieren, Hypothesen über Zusammenhänge aufzustellen und Daten spezifisch für diese Problemstellung zu erheben (Abschn. 3.2). Die nötigen Daten werden dabei nicht durch ihre Existenz in Quellsystemen vorgegeben, sondern durch das Analyseproblem bestimmt. Ziel ist es dabei, eine tiefgehende Analyse von Treibern oder Konsequenzen verschiedener Verhaltensweisen zu analysieren. Die Möglichkeiten, diese Analysen zu automatisieren, sind begrenzt, da sie einzelfallbezogen sind und auf aktuellen, teilweise bewusst erhobenen Daten beruhen.

Somit liegt der Fokus dieses Vorgehens auf detaillierten Einzelfalluntersuchungen, die mit klassischen sozialwissenschaftlich-statistischen Methoden oder auch Big-Data-Verfahren durchgeführt werden. Dazu werden typische Statistiksoftwarepakete (wie z. B. R, Stata oder SPSS) verwendet. Da es sich um manuelle Einzelfallanalysen für spezifische Probleme handelt, sind die Vorgehensweisen nur begrenzt automatisierbar. Dies liegt an der einzelfallbezogenen Datenerhebung, -aufbereitung und -auswertung. Idealerweise können aber einzelfallbezogene Analysen als Use Cases und Standardvorgehen definiert werden, sodass gleichartige Probleme in unterschiedlichen Kontexten des Unternehmens mit diesem Vorgehen analysiert werden. Dennoch bleibt bei tiefgehenden Analysen die Entscheidungsunterstützung eher punktuell, denn durch den Einsatz von HR-Data Scientists mit spezifischem Methodenwissen stellt dieses Vorgehen einen elitären Ansatz zur Verbreitung von People Analytics dar. Andere HR-Mitarbeiter bleiben dabei auf die Spezialisten und ihre Auswertungen angewiesen [19].

3.5.3 Kombination von Dashboards und tiefgehenden Analysen zur Entwicklung eines längerfristigen Mehrwerts von People Analytics

Grundsätzlich schließen sich beide Modelle (Dashboards und tiefgehende Analysen) nicht aus [5]. So kann davon ausgegangen werden, dass gerade in frühen Einführungsphasen tiefgehende Einzelfallanalysen als Ausgangspunkt für die Entwicklung standardisierter Reportings genutzt werden können. Außerdem können diese standardisierten Reportings als eine Art Scheinwerfer für Probleme in Personalthemen betrachtet werden, denn wenn sich spezifische Kennzahlen zum

Negativen verändern, ist dies ein Anzeichen, dass dieses Thema vertieft auf Basis von Einzelfallanalysen untersucht werden sollte. Durch die Automatisierung von Standardfragestellungen kann das People-Analytics-Team außerdem als Center of Excellence für die komplexeren Einzelfallfragestellungen fungieren.

Im Rahmen der Einführung von People Analytics im Unternehmen bietet es sich an, zuerst mit dem zweiten Modell der detaillierten Analysen zu starten. Dies hat den Vorteil, dass der Wert datengestützter Entscheidungen im Personalwesen für das Management sichtbar wird und die Personalabteilung Kompetenzen in der Analyse aufbauen kann, denn durch den Mehrwert von People Analytics wird die Investition in ein ausgefeilteres und stärker automatisiertes People-Analytics-Berichtssystem gegenüber dem Management leichter vertretbar.

Ihr Transfer in die Praxis

- Überlegen Sie sich, welcher exemplarische People-Analytics-Use-Case einen für das Management relevanten Mehrwert liefert.
- Überlegen Sie sich, wo Sie mit Big-Data Analytics einen Mehrwert im Personalmanagement schaffen können.
- Beschreiben Sie den entsprechenden Business Case.
- Entwickeln Sie basierend auf dem Business Case eine Fragestellung, Hypothesen und identifizieren Sie relevante Datenquellen.
- Zeigen Sie, welchen monetären Mehrwert eine Analyse dem Unternehmen liefern kann.
- Analysieren Sie vorhandene Datenquellen und HR-Systeme auf ihre Nützlichkeit für People Analytics.
- Identifizieren Sie potenzielle Vereinfachungs- und Automatisierungbedarfe in den Daten.
- Entscheiden Sie sich, welche Methode zu Ihrer Fragestellung passt, und führen Sie die Datenerhebung, -aufbereitung und -zusammenstellung durch.
- Analysieren Sie die Daten deskriptiv.
- Werten Sie die Daten je nach Fragestellung mit der passenden statistischen Methode aus.
- Bereiten Sie die Ergebnisse in einer Entscheidungsvorlage grafisch auf.
- Durchdenken Sie Ihr weiteres Vorgehen: Wollen Sie eher automatisierte Dashboards oder tiefgehende Analysen durch das Personalmanagement anbieten? Welche Ressourcen stehen Ihnen dafür zur Verfügung und wo benötigen Sie weitere Ressourcen?

Literatur

1. Huselid, M. A. (2018). The science and practice of workforce analytics: Introduction to the HRM special issue. *Human Resource Management, 57*(3), 679–684.
2. Rasmussen, T., & Ulrich, D. (2015). Learning from practice: How HR analytics avoids being a management fad. *Organizational Dynamics, 44*(3), 236–242.
3. Minbaeva, D. B. (2018). Building credible human capital analytics for organizational competitive advantage. *Human Resource Management, 57*(3), 701–713.
4. Levenson, A. (2018). Using workforce analytics to improve strategy execution. *Human Resource Management, 57*(3), 685–700.
5. West, M. (2019). *People analytics for dummies.* Wiley-VCH.
6. Phillips, J. J. (2015). Types of analytics projects and the executive perception of them. *Strategic HR Review, 14*(1/2), 30–35.
7. Bauer, T., Erdogan, B., & Ellis Caughlin, D. (2019). *Human resource management: People, data, and analytics.* SAGE.
8. Bader, V., & Kaiser, S. (2019). Algorithmic decision-making? The user interface and its role for human involvement in decisions supported by artificial intelligence. *Organization, 26*(5), 655–672.
9. Kavanagh, M. J., & Johnson, R. D. (2017). *Human resource information systems: Basics, applications, and future directions.* SAGE. https://books.google.de/books?id=3TxbDgAAQBAJ. Zugegriffen: 11. Feb. 2021.
10. Bhattacharyya, D. K. (2017). *HR analytics: Understanding theories and applications.* SAGE Texts.
11. Pape, T. (2016). Prioritising data items for business analytics: Framework and application to human resources. *European Journal of Operational Research, 252*(2), 687–698.
12. Gandomi, A., & Haider, M. (2015). Beyond the hype: Big data concepts, methods, and analytics. *International Journal of Information Management, 35*(2), 137–144.
13. Huselid, M., & Minbaeva, D. (2018). Big data and human resource management. In A. Wilkinson, N. Bacon, S. Snell & David Lepak (Hrsg.): *The Sage Handbook of Human Resource Management* (S. 494–507). Sage Publications Ltd.

14. Ulrich, D. (2018). Foreword and forward thinking on digital HRM. In M. Thite (Hrsg.): *e-HRM: Digital Approaches, Directions & Applications* (S. XVI–XXI). Routledge.
15. Banerjee, P., Pandey, J., & Gupta, M. (2019). *Practical applications of HR analytics: A step-by-step guide.* SAGE Texts.
16. Pentland, A. (2015). *Social Physics: How social networks can make us smarter.* Penguin.
17. Hamilton, R. H., & Sodeman, W. A. (2020). The questions we ask: Opportunities and challenges for using big data analytics to strategically manage human capital resources. *Business Horizons, 63*(1), 85–95.
18. Gal, U., Blegind Jensen, T, & Stein, M.-K. (2020). Breaking the vicious cycle of algorithmic management: A virtue ethics approach to people analytics. *Information and Organization, 30*(2), 100301.
19. Loscher, G., & Bader, V. (im Erscheinen). Augmenting a profession: How the emergence of data analytics is transforming human resource management. *Research in the Sociology of Organizations volume,* 'Digital transformation and institutional theorizing: Consequences, opportunities and challenges'.

4

Potenziale in den Handlungsfeldern des Personalmanagements

Was Sie aus diesem Kapitel mitnehmen

- Warum die Employee Journey und der Employee Lifetime Value ein guter Ansatzpunkt für die Entwicklung von People-Analytics-Informationen sind.
- Wie People-Analytics-Informationen die strategische Personalplanung verbessern können und welche beispielhaften Anwendungsfälle es bereits gibt.
- Wie Akquisition und Retention Management durch People Analytics verändert wird und warum diese beiden Funktionen ein guter Startpunkt für People-Analytics-Projekte sind.
- Warum People Analytics das Performance-Management revolutionieren könnte und wie erste Beispiele in der Praxis aussehen.
- Welche Potenziale People Analytics in der Personalentwicklung und der Laufbahnplanung hat.

© Der/die Autor(en), exklusiv lizenziert durch Springer Fachmedien Wiesbaden GmbH, ein Teil von Springer Nature 2021
G. Loscher, *Quick Guide People Analytics,* Quick Guide,
https://doi.org/10.1007/978-3-658-34731-4_4

4.1 Verbesserte Informationsgrundlagen für Personalentscheidungen

Für das Personalmanagement bietet People Analytics ein zentrales Versprechen: die Verbesserung der Informationsgrundlage von Personalentscheidungen [1], denn Personalmanagementmaßnahmen zielen auf die Erhöhung des Fits zwischen dem Mitarbeiter und seiner Aufgabe bzw. Stelle ab und ein hoher Fit von Fähigkeiten und Motivation des Mitarbeiters mit den Anforderungen der Stelle ermöglicht eine höhere Leistungsfähigkeit als ein niedriger Fit. Die Personalmanagementfunktionen zielen daher darauf ab, den Fit zwischen Person und Stelle zu erhöhen und herzustellen. Ein fehlender Fit kann einerseits zu mangelnder Leistung und andererseits zu einer geringen Nutzung der Potenziale des Mitarbeiters führen. Grundlegend für die Herstellung eines Fits sind Entscheidungen des Personalmanagements innerhalb der Funktionen, zum Beispiel: Wer wird eingestellt? Wer wird weiterentwickelt? Wer soll im Unternehmen bleiben?

Auf diese und ähnliche Fragen datenbasierte Antworten zu geben, stellt ein großes Potenzial von People Analytics dar. Denn People Analytics erlaubt es der Personalabteilung, die Erfahrungen von Mitarbeitern mit dem Unternehmen, ihren Vorgesetzten und den Personalpraktiken systematisch zu vermessen, ihre Auswirkungen auf die Leistungsfähigkeit von Mitarbeitern sowie die Leistung des Unternehmens zu erfassen und damit evidenzbasierte Vorschläge zur Verbesserung zu entwickeln. Eine systematische Möglichkeit, Messpunkte zu Personalmanagemententscheidungen zu etablieren, bildet der Lebenszyklus eines Mitarbeiters [2]. Dieses als *Employee Journey* beschriebene Vorgehen ermöglicht es, systematisch Daten und Indikatoren für verschiedene Phasen des Mitarbeiters im Unternehmen zu erfassen [3].

Employee Journey

Der Begriff „Employee Journey" ist eine Abwandlung des Konzepts der „Customer Journey" auf den Personalbereich. Die Idee ist, das Erlebnis des Produkts „Arbeitsplatz" ähnlich zu gestalten wie ein Kundenerlebnis und so Produktivität und Zufriedenheit von Mitarbeitern zu steigern. Eine Möglichkeit die Employee Journey abzubilden, stellen Employee Journey Maps dar, diese beschreiben Kontaktpunkte des Mitarbeiters – vom ersten Kontakt mit dem Unternehmen bis zum Verlassen des Unternehmens [4].

Die Employee Journey Map bildet wesentliche Momente im Lebenszyklus eines idealtypischen Mitarbeiters (z. B.: als Persona) ab und teilt diese entsprechend in unterschiedliche Phasen ein [4]. Die zentrale Idee ist, für die jeweiligen Phasen Metriken und Kennzahlen bereitzuhalten, die es ermöglichen, zukünftige Entwicklungen im Rahmen der Employee Journey zu verstehen. Ein weiteres Element zur Quantifizierung ist die Berechnung eines Employee Lifetime Values, das heißt die geschätzten Gewinne, die ein Mitarbeiter für das Unternehmen über seine Beschäftigungsdauer im Unternehmen erwirtschaftet. Dieser Wert kann für einen durchschnittlichen Mitarbeiter des Unternehmens oder für durchschnittliche Mitarbeiter einer Kategorie (z. B. Büroangestellte im Marketing) berechnet werden. Auf Basis des Employee Lifetime Values und der Employee Journey Map sowie der Kennzahlen für die unterschiedlichen Phasen können nun Entscheidungen modelliert und getroffen werden.

Personas

Die Employee Journey kann auch durch sogenannte „Personas" verdeutlicht werden. Personas sind Modelle von Mitarbeitergruppen, die z. B. Bedürfnisse, Fähigkeiten, Motivationslagen, Ziele und Verhaltensweisen idealisiert beschreiben. Dabei dienen Personas als idealtypische Darstellung einer Gruppe von Personen im Unternehmen und ihren Erfahrungen mit Elementen der Employee Journey.

Durch den Employee Lifetime Value gelingt es nun, die Entscheidungen anhand ihrer Auswirkungen auf den lebenszyklusbezogenen Wert eines Mitarbeiters zu gewichten. Gerade durch die Segmentierung der Mitarbeiter wird es möglich, Initiativen für einzelne Segmente stark an einer Verbesserung des Employee Lifetime Values auszurichten. So können auch Priorisierungen der Personalmaßnahmen für Schlüsselsegmente vorgenommen werden oder Veränderungen in der Personalstrategie über ihre Auswirkungen auf den Employee Lifetime Value bewertet werden. Durch diese Verknüpfung von Informationen über Personalmaßnahmen mit monetären Werten steigt auch die Verhandlungsmacht gegenüber dem Management. Somit können Personalmaßnahmen zur Steigerung des Fits zwischen Personen und Stellen leichter begründet werden [3].

Beispiel – Employee Lifetime Value im Vertrieb

Der Employee Lifetime Value stellt eine Möglichkeit dar, den Wertbeitrag eines Mitarbeiters für das Unternehmen über den Verlauf seines Lebenszyklus zu veranschaulichen. Als Beispiel soll ein Mitarbeiter im Vertrieb dienen.

Für den Vertriebsmitarbeiter ist ein Gehalt von 5000 € pro Monat vorgesehen, sein Zielumsatz sind 50.000 €. Daraus ergibt sich einfach gerechnet ein Nettoerlös von 45.000 €, der durch den Mitarbeiter erzielt wird. Beispielsweise kann die Personalabteilung nun berechnen, wie sich der Wert des Mitarbeiters erhöht, wenn sich die Onboarding-Phase, bis der volle Umsatz erreicht wird, von sechs auf drei Monate verkürzt. Dadurch lassen sich Maßnahmen zur Verkürzung der Onboarding-Phase fundiert begründen. Ebenso können die Auswirkungen von Verbesserungen im Recruiting berechnet werden, z. B. was passiert, wenn bessere Recruiting-Prozesse im Vertrieb zu 20 % höheren Umsätzen führen (60.000 € statt 50.000 €), eine Verbesserung der Managementpraktiken bzw. -kultur noch einmal zu 20 % höheren Umsätzen führt (72.000 €) sowie die Verweildauer im Unternehmen um ein Jahr erhöht wird. Auf die gleiche Weise können Auswirkungen von Kündigungen auf das Unternehmen oder die Kosten der Einstellung einer falschen Person berechnet werden. Mit dem Employee Lifetime Value kann somit der monetäre Wert von Personalentscheidungen aufgezeigt werden.

Diese Zahlen können einerseits durch ein Diagramm aufgezeigt werden, andererseits kann man durch die Berechnung eines Kapitalwerts den Mitarbeiterwert und seine Veränderung darstellen. Für andere Funktionen, die keine direkte Erlöszuordnung erlauben, können andere Produktivitätskennzahlen genutzt werden (z. B. Einstellungen pro Monat, Qualitätskennziffern).

(Quelle: https://www.linkedin.com/pulse/how-understand-roi-investing-people-maia-josebachvili/, Zugriff: 24.02.2021).

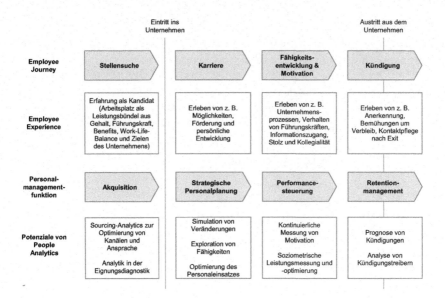

Abb. 4.1 Überblick über Employee Journey, Employee Experience, Personalmanagementfunktionen und Potenziale von People Analytics. (Eigene Abbildung)

People Analytics verbessert die Aussagekraft des Employee Lifetime Values durch eine genauere Analyse der Wirkungen von Personalentscheidungen. Grundsätzlich gilt hier, dass Personalmaßnahmen im ersten Schritt durch People Analytics unberührt bleiben, die Wirkungen der Personalmaßnahmen jedoch analysiert, geprüft und entsprechende Anpassungen im Hinblick auf ihre Wirksamkeit vorgenommen werden können. Die Abb. 4.1 fasst den Zusammenhang von Employee Journey, Employee Experience, Personalmanagementfunktion und Potenzialen von People Analytics zusammen.

Typische, für Dashboards automatisierbare Kennzahlen im Personalmanagement

Auch wenn People Analytics in den Personalfunktionen an der ein oder anderen Stelle noch ‚Zukunftsmusik' ist, findet man in der Praxis zunehmend Dashboards mit automatisiert gepflegten Kennzahlen. Diese tragen auch zu einer Datengetriebenheit im Personalmanagement bei, da sie die Verfügbarkeit von zahlenbasierten Analysen erhöhen. Gleichzeitig erlaubt die damit verbundene Visualisierung eine schnelle Einordnung von Sachverhalten. Typische Dashboards umfassen die Bereiche: Akquise und Auswahl, Performance und Struktur sowie Retention Management.

Im Bereich der Akquisition und Auswahl werden dabei typischerweise folgende Kennzahlen analysiert:

- Qualität der Einstellungen,
- Vakanzenquote,
- Quoten zu Geschlecht, Diversität oder Erfahrung,
- Zeit bis zur Einstellung,
- Zeit bis zum produktiven Einsatz
- Analysen des Recruiting-Funnels und
- Kosten des Recruitings.

Im Bereich Performance und Personalstruktur werden meist folgende Kennzahlen genutzt:

- Absentismusquote und Kosten des Absentismus,
- Mitarbeiterzufriedenheit,
- Struktur des Personals (Diversität, Erfahrung, Betriebszugehörigkeit) sowie Headcount und Vollzeitäquivalente,
- Lücken in strategischen Stellen,
- Mitarbeiterstruktur nach Talenten (Leistung und Potenzial),
- Zufriedenheit mit Führungskräften,
- Beförderungsquoten,
- interne Mobilität,
- Arbeitskosten pro Vollzeitäquivalent,
- Umsatz pro Vollzeitäquivalent,
- Gewinn pro Vollzeitäquivalent und
- Human-Capital-Return-on-Investment.

Im Bereich des Retention Managements werden folgende Kennzahlen typischerweise bereitgestellt:

- freiwillige Kündigungen (gewollte und ungewollte Kündigungen, Gründe für Kündigungen),
- Kündigungen von Schlüsselpersonal,

- Retentionsquote,
- voraussichtliche temporäre Freistellungen,
- voraussichtlicher Abgang durch Renteneintritt.

4.2 Potenziale von People Analytics in der strategischen Personalplanung

Für die strategische Personalplanung spielen People Analytics eine wichtige Rolle, denn für die Prognose zukünftigen Personalbedarfs, seiner möglichen Deckung durch unternehmensinterne und -externe Quellen sowie das Aufzeigen von Lücken bietet es sich an, analytische Methoden zur Simulation der Entwicklungen zu nutzen. Als mögliche Anwendungsfelder können die Simulation von Personalbestandsänderungen, die Exploration von Fähigkeiten und die Optimierung der Personaleinsatzplanung gesehen werden. Dabei können drei Potenzialbereiche betrachtet werden [5, 6].

1. Simulation von Veränderungen im Personalbestand
Der erste Potenzialbereich betrifft die Simulation von Veränderungen im Personalbestand [5]. So kann beispielsweise der „Personalflow", d. h., der gesamte Fluss des Personals durch das Unternehmen, modelliert werden (siehe Abb. 4.2). Hier wird – je nach Feinheitsgrad des Simulationsmodells – sichtbar, in welchen Bereichen in absehbarer Zukunft Personallücken entstehen könnten. Gleichzeitig kann geprüft werden, inwiefern diese durch den internen bzw. externen Arbeitsmarkt gedeckt werden können. Für derartige dynamische Simulationsmodelle der strategischen Personalplanung existieren bereits einige Softwarenanbieter (z. B. Dynaplan). Ein einfaches Simulationsmodell würde dabei einerseits bestimmte externe Faktoren als Einflussfaktoren auf das Unternehmen modellieren (z. B. Anzahl der Personen am Arbeitsmarkt, Recruiting-Rate, mögliche Automatisierungssubstitution). Dann würde man ein Modell über Karriereverläufe, Kündigungsraten, neuartige Aufgaben und Vakanzen im Unternehmen auf Basis historischer Daten (zum Beispiel auf Basis von Jobfamilien) aufstellen. Außerdem würden mögliche Entscheidungsvariablen durch das Management (Veränderung

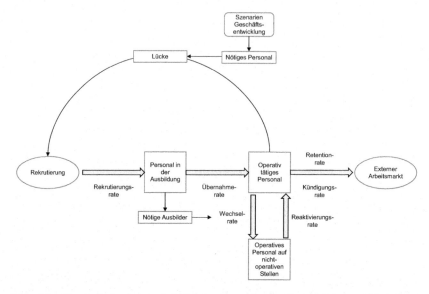

Abb. 4.2 Vereinfachtes Beispiel für ein dynamisches Simulationsmodell. (Eigene Abbildung)

der Einstellungszahlen, Einführung von Bindungsprämien) in das Modell hineingenommen. Abschließend könnte man so potenzielle Personalüber- oder -unterdeckung prognostizieren bzw. Szenarien dazu entwerfen.

Beispiel – Simulationsmodell zur Personalbedarfsermittlung

Dienstleistungsunternehmen benötigen für die Leistungserbringung ausreichend Mitarbeiter mit den passenden Fähigkeiten. Im Fallunternehmen stellt eine ausreichende Anzahl gut qualifizierter Mitarbeiter den Engpassfaktor dar, der die Möglichkeiten der Umsatzerzielung stark beeinflusst. Dennoch liefert der Personalplanungsprozess im Unternehmen nur unzureichende Ergebnisse: Es existieren entweder Über- oder Unterkapazitäten an Personal.

Die Idee zur Problemlösung war, ein systemdynamisches Modell zur Modellierung des Personalbedarfs aus der Supply-Chain-Literatur zu nutzen. Hierzu wurde ein Modell zur Lageralterungs- und Materialflussprognose als Ausgangspunkt genutzt und um personalspezifische

Kennzahlen ergänzt (siehe als vereinfachtes Beispiel eines solchen Modells Abb. 4.2). Durch die Modellierung des Personalbedarfs im Unternehmen wurden einerseits Schwachstellen im Planungsprozess, in der Kommunikation zwischen den einzelnen Abteilungen und der Beteiligung von operativen Wissensträgern über den jeweiligen Personalbedarf aufgedeckt. Andererseits wurde gezeigt, dass die reale Vorlaufzeit für Einstellungen viel länger war, als im Unternehmen vermutet.

Konkret wurde in diesem Projekt in sechs Phasen gearbeitet: Zuerst wurden Vertreter der betroffenen Abteilungen des Unternehmens interviewt. In einer zweiten Phase wurde zusammen mit den Unternehmensvertretern ein Modell erarbeitet, das wesentliche Einflussfaktoren innerhalb des Systems umfasste. In der dritten Phase wurde das Modell prototypisch an einer Filiale getestet und viertens validiert. In der fünften Phase wurden verschiedene Szenarien entwickelt und mit dem Modell durchgespielt, um die Modellmöglichkeiten aufzuzeigen. In der sechsten Phase wurde es auf alle Filialen ausgerollt.

Durch das so entstandene Simulationsmodell gelang es, Personalbedarfe passgenauer zu prognostizieren und auch unterschiedliche Szenarien und ihre Auswirkungen durchzuspielen. Weitere Ergebnisse waren zum Beispiel der Einfluss von zu geringen Kapazitäten für On-the-job-Training und der Einfluss unterschiedlicher Verteilungsregeln von Trainees über Abteilungen sowie das Aufdecken eines zyklischen Verhaltens in der Personalkapazität.

(Diese Zusammenfassung des Falls beruht auf einem Artikel von Größler und Zock [6], dort findet sich auch eine ausführlich dargestellte Fassung mit allen Modellvariablen).

Ein anderes Beispiel stellt die Simulation von Veränderungen der Personalpolitik dar. Beispielsweise könnten Auswirkungen der Erfüllung von Diversitätskennzahlen (z. B. Geschlecht, Ethnie, sexuelle Orientierung) auf Basis der Firmendaten aufgezeigt werden [6]. Hier kann die Personalabteilung simulieren, wie hoch Beförderungsquoten in der Organisation sein müssten, um die Diversitätsquote für Führungskräfte zu erfüllen. Außerdem könnte simuliert werden, ob überhaupt durch das Recruiting und das bestehende Personal die absolute Anzahl der Mitarbeitenden mit dieser Diversitätsquote erfüllt werden könnte (siehe Abb. 4.3).

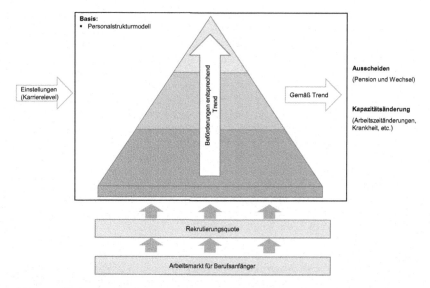

Abb. 4.3 Änderungen der Personalpolitik und Auswirkungen auf die Personalstruktur. (Eigene Abbildung)

Beispiel – Überprüfung von Maßnahmen zur Steigerung der Diversität

Oft repräsentiert die Belegschaft einer Organisation in ihrer Zusammensetzung nicht die Diversität der Bevölkerung. Für die University of Texas stellte dies zunehmend ein Problem in ihren Promotionsprogrammen dar. Daher entschloss sich die Universitätsleitung, ihre Rekrutierungs- und Retentionsmaßnahmen im Rahmen von Doktorandenstudienprogrammen zu prüfen. Ziel war es, eine höhere Diversität im Pool zukünftiger Hochschulprofessoren zu generieren und die Wissenschaftskarrieren von unterrepräsentierten Minderheiten zu fördern. Dabei wurden einerseits Veränderungen in den Rekrutierungsmaßnahmen durchgeführt (z. B. Ausrichten von Karrieremessen, Workshops für Bewerbungen, Wegfall von Bewerbungsgebühren), andererseits auch Retentionsmaßnahmen (z. B. Einführung von Weiterbildungsprogrammen, Unterstützung bei Prüfungsvorbereitungen) verändert. Die Wirksamkeit dieser Maßnahmen wurde anhand der Veränderungen in den demografischen Grunddaten und den Karriereerfolgen gemessen. Grundlage waren Datenbanken über Bewerber, über aktuelle Promovierende sowie Alumni. Diese Datenbanken umfassten Leistungsdaten ebenso wie Jobs nach der Promotion. Dabei konnte festgestellt werden, dass sich neben einer Verbesserung der Diversität und höheren Retentionsraten von Studierenden aus

Minderheiten auch der Verbleib der Studierenden aus Minderheiten in Universitätskarrieren verbessert hatte.
(Diese Zusammenfassung des Falls beruht auf einem Artikel von Wilson et al. [8]. Dort findet sich auch eine ausführlich dargestellte Fassung).

2. Exploration von Fähigkeiten und deren Schätzung für Skill-Bilanzen

Einen zweiten Potenzialbereich stellen die Exploration von Fähigkeiten und deren Schätzung für Skill-Bilanzen dar [5, 9]. So können Skill-Inventare der Mitarbeiter gebildet werden. Zentrale Voraussetzung ist eine einheitliche Taxonomie von Fähigkeiten und des Feinheitsgrades der Beschreibung, um brauchbare Aussagen zu generieren. Zusätzlich werden in Organisationen weitere Daten wie Zeugnisse, Projektperformance, interne Social-Media-Daten gesammelt und Mitarbeiter teilen ihre Selbsteinschätzung von Fähigkeiten z. B. auf LinkedIn, sodass potenziell eine breite Datenbasis zur Verfügung steht. Diese Daten können nun zur Schätzung von Fähigkeiten genutzt werden. Eine andere Möglichkeit wäre es, für die Fähigkeitsschätzung speziell Daten auf Basis von Arbeitsproben zu erheben. Skill-Inventare können dann im nächsten Schritt auf Basis eines Big-Data-Verfahrens erstellt und Expertise für spezielle Bereiche geschätzt werden [10].

Beispiel – Skillmatching von Lebensläufen und Stellen

Ein zentrales Problem ist, Mitarbeitern geeignete Karriere- und Weiterentwicklungsmöglichkeiten aufzuzeigen. Eine Möglichkeit ist es, Fähigkeiten auf Basis des Lebenslaufs mit Fähigkeiten auf Basis der Jobbeschreibung in Einklang zu bringen. Dabei gehen aber oft implizite Fähigkeiten, die für die Stelle benötigt werden, verloren. Für diese Vorschläge kann ein System genutzt werden, das die Fähigkeiten einerseits aus den Mitarbeiterlebensläufen und andererseits aus der Stellenbeschreibung extrahiert (durch Natural-Language-Processing-Methoden) und daraus ein Skill Dictionary (Liste möglicher Fähigkeiten) entwickelt. Dieses stellt die Basis für Empfehlungen dar. Im nächsten Schritt werden aus dem Lebenslauf eines Mitarbeiters die Fähigkeiten extrahiert und auf Basis eines Matching-Algorithmus der Grad der Passung zu einem ausgeschriebenen Job berechnet, ebenso können Empfehlungen über zusätzlich nötige Fähigkeiten abgegeben werden.
(Eine genaue Beschreibung des Vorgehens liefern Gugnani und Misra [11], eine Alternative auf Basis von Fuzzy-Modellen Golec und Kahya [12]).

3. Optimierung der Personaleinsatzplanung

Den dritten Potenzialbereich im Rahmen der Personalplanung stellt die Optimierung der Personaleinsatzplanung und damit zusammenhängende Einstellungsentscheidungen dar [13]. Denn in Organisationen, deren Haupteinsatzfaktor Personal ist, haben die Personalfixkosten einen großen Einfluss auf den Gewinn und die Rentabilität. Daher ist es ein Ziel, die Personaleinsatzplanung so zu optimieren, dass die bestehenden Personalressourcen bestmöglich ausgelastet werden und ein Aufbau neuen Personals auf Basis der bestehenden Auslastungskennzahlen erfolgt. Hier können Modelle dazu dienen, die Anzahl von Neueinstellungen – z. B. mit dem Ziel der Gewinnmaximierung – zu optimieren und so die Personalfixkosten bestmöglich auszulasten. Die Möglichkeit, Personaleinsatz und -rekrutierung über mehrere Perioden in Abhängigkeit von Aufträgen und ggfs. Entwicklungspfaden oder Senioritäts- bzw. Expertiseanforderungen zu modellieren, verspricht hier eine für Dienstleistungsunternehmen stark verringerte Variabilität in der Gewinnerzielung gegenüber einer von der Auslastung abgekoppelten Einstellungspolitik.

Beispiel – Fuzzy-Scheduling für die Personaleinsatzplanung

Operative Personalplanung ist für wissensintensive Projekte wie im F&E-Bereich zentral. Die optimale Auslastung von Forschern, der passgenaue Einsatz ihrer Fähigkeiten zur Problemlösung und das Nutzen von Lerneffekten stellen wichtige Stellschrauben für die Allokation von Personal auf Projekte dar. Um nun eine möglichst passgenaue Personaleinsatzplanung für dieses komplexe Problem zu ermöglichen und gleichzeitig die Kosten für die Projekte und deren Effizienz zu erhöhen, kann auf Basis einer Fuzzy-Scheduling-Algorithmus-Herangehensweise ein „multiproject scheduling and multiskilled workforce assignment" entworfen werden, das verschiedene Unsicherheitsfaktoren (z. B. Projektdauer) berücksichtigt. Auf Basis dieses Scheduling-Algorithmus kann dann die operative Personalplanung für Projekte verbessert werden und damit die begrenzten Ressourcen an Fähigkeiten optimal im Rahmen verschiedener Projekte ausgenutzt werden.
(Eine genaue Beschreibung des Vorgehens liefert Hematian [14]).

Für die strategische Personalplanung tut sich durch People Analytics ein großes Potenzial an Anwendungsmöglichkeiten auf. Vor allem wenn die Analyseergebnisse mit monetären Konsequenzen der Über- oder Unterdeckung an Fähigkeiten bzw. an der Anzahl notwendiger Mitarbeiter verknüpft werden, können Kosten von Personalmaßnahmen – wie z. B. Bleibeprämien etc. – gerechtfertigt werden. Zusätzlich kann die Personalplanung durch den Einsatz von HR-Analytics-Konzepten bzw. durch eine bessere Bereitstellung benötigter Profile eine höhere Genauigkeit und dadurch eine geringere Fehlkalkulation von Kapazitäten erreichen. Insofern bieten Analytics-Projekte im Bereich des strategischen Personalmanagements vielfältige Möglichkeiten, eine datengetriebene Analyse gewinnbringend einzusetzen.

4.3 Potenziale von People Analytics in der Akquisition und dem Retention Management

Viele People-Analytics-Projekte starten im Bereich Personalakquisition und Retention Management, denn sowohl im Bereich Personalmarketing und -auswahl als auch für Verhinderung von ungewollter Fluktuation gibt es eine Reihe leicht erhebbarer Daten und etablierter Prognoseverfahren. Im Rahmen der Akquisition gilt es, die zukünftige Leistungsfähigkeit eines Bewerbers für die Stelle zu prognostizieren und den entsprechenden Kandidaten auszuwählen [2]. Im Retention Management ist die Prognose von Kündigungen und die Verhinderung der Kündigung von Leistungsträgern die zentrale Fragestellung [2]. In beiden Funktionen dienen People-Analytics-Methoden dazu, Unsicherheiten über zukünftige Entwicklungen im Personalbestand zu reduzieren.

Im Bereich Akquisition existieren zwei große Potenzialbereiche für die Anwendung von People Analytics. Einen ersten Bereich stellen die Sourcing Analytics dar [3]. Auf Basis vorhandener Mitarbeiterprofile können so mögliche zukünftige Kandidaten über Social-Media-Plattformen – wie z. B. LinkedIn oder Xing – identifiziert und aktiv angesprochen werden. Außerdem kann die Effektivität von Kommunikationskanälen einerseits auf Basis von Mitarbeiterdemografie, andererseits auch auf Basis erfolgreicher Kanäle geprüft und optimiert werden. Dies kann durch deskriptive Analysen geschehen, aber auch erste komplexere Analysen über Wahrscheinlichkeiten erfolgreicher Bewerbungen sind möglich. Ziel ist es hierbei, die Kosten für Werbung zu reduzieren und die Zeit einer Stellenvakanz zu minimieren. Eine weitere Möglichkeit im Rahmen des Sourcing stellen Analytics zur Optimierung von Stellenanzeigen oder Ansprache dar, hier könnten potenziell diskriminierende oder die Bewerber abschreckende Wörter identifiziert werden, um die Bewerberansprache zu optimieren. Eine Möglichkeit wäre, auf Basis dieser Erkenntnisse die Ausdrucksweise in den Stellenanzeigen je nach Zielpublikum zu variieren und so eine höhere Rücklaufrate von Bewerbungen zu erhalten.

Beispiel – Effektivität von Personalmarketingmaßnahmen

Für Unternehmen stellt die Knappheit von Mitarbeitern mit spezifischen Kompetenzen ein immer größeres Problem dar. Gerade wenn z. B. Startups auf gutes IT-Personal angewiesen sind und gleichzeitig nur ein geringes Personalbudget haben, spielt eine zielgenaue Personalauswahl eine wichtige Rolle. Für den Spieleentwickler Goodgame Studios stellte sich genau diese Herausforderung:

Mit dem starken Wachstum des Unternehmens und der Attraktivität der Branche kam es zu immer mehr Bewerbungen (15.000 Kandidaten pro Jahr) und somit immer höheren Kosten der Rekrutierung. Trotz des hohen Kandidatenaufkommens fehlte es an Maßnahmen, um die Effektivität und Effizienz von Personalmarketingmaßnahmen zu prüfen. Dies lag auch an der fehlenden Datengrundlage.

Zur Verbesserung der Situation war der erste Schritt, ein Bewerbermanagementsystem zu installieren und dessen Trackingfunktion zu nutzen, um die Quellen der Bewerbungen nachzuverfolgen. Dadurch war es der Personalabteilung möglich, einerseits die Wirksamkeit von Kanälen zu prüfen und andererseits eine Kosten-Nutzen-Analyse der verschiedenen Kanäle durchzuführen. Auf diese Weise bekamen die Recruiter bei Goodgames einen Überblick über Bewerber, Kanäle und die Kosten der Personalsuche.

(Eine genaue Beschreibung des Falls findet sich bei Reindl und Krügl [15]).

Einen zweiten Bereich mit Potenzial für die Akquisition stellt die Eignungsprognose dar [6, 16]. Eine zentrale Unsicherheit im Bewerbungsprozess besteht darin, dass auf Basis vergangener Leistungen und eines subjektiven Urteils Aussagen über zukünftige Leistungen des Bewerbers auf einer neuen Stelle getroffen werden. Eine Verbesserung der Auswahlentscheidung kann Fehlbesetzungen vermeiden und einen hohen Fit zwischen Mitarbeiter und Stelle ermöglichen. Dies wiederum erlaubt eine höhere Leistung. Als Beispiel für ein Prognosetool kann die Software Precire gelten, die auf Basis von Stimmdaten und strukturierten Fragen vollautomatische Auswahlvorschläge unterbreitet. Dennoch ist Precire umstritten, da keine gesicherten eignungsdiagnostischen Erkenntnisse über den zugrunde liegenden Algorithmus vorliegen. Grundsätzlich zeigt Precire als eine der ersten Anwendungen dennoch, wie Software in Zukunft den Auswahlprozess unterstützen könnte [17].

Beispiel – Prognose zukünftiger Leistung von Bewerbern

HR-Tech-Unternehmen stellen sich der Herausforderung, zukünftige Leistung von Bewerbern auf Stellen vorauszusagen. Meistens wird dies als Matching-Problem gesehen, bei dem Persönlichkeitseigenschaften und Leistungsdaten mit der Unternehmenskultur und dem Stellenprofil in Übereinstimmung gebracht werden müssen. Predictive Hire, ein Startup aus den USA, nutzt ein chatbasiertes strukturiertes Interview, um alle Bewerber auf einen Job zu interviewen. Hierbei werden Werte und Persönlichkeitsmerkmale analysiert und diese mit den Unternehmenswerten sowie unternehmensexternen Benchmarks verglichen. Die Idee ist, so den Kandidaten mit dem höchsten Fit zu identifizieren. Die so generierten Daten werden dann mit Hilfe von künstlicher Intelligenz ausgewertet und ein Ranking der Bewerber erstellt. Die Eigenwerbung des Softwareherstellers besagt, dass so nie wieder eine falsche Einstellungsentscheidung getroffen wird.
(Quelle: predictivehire.com, Zugriff: 24.02.2021).

Beispiel – Situational-Judgement-Tests

Verschiedene Unternehmen übertragen Situational-Judgement-Tests in Online-Assessment-Center. Hierbei werden kleine Simulationen von Situationen genutzt, um die Reaktionen von Bewerbern zu testen. Im deutschsprachigen Raum bietet Cyquest solche auf Simulationen beruhende Situational-Judgement-Tests an. Diese haben bereits bei Airbus, der Schweizer Bundesbahn, E.ON und anderen Unternehmen Einzug erhalten. Grundsätzlich werden dabei auf Basis eines Stellenprofils Eigenschaften des Kandidaten, wie z. B. sprachliches oder kognitives Verständnis, geprüft oder ein Problem mit Berufsbezug zur Aufgabe gestellt und so der Fit zwischen Kandidat und Stelle geprüft.
(Quelle: www.cyquest.net/projekte, Zugriff: 24.02.2021).

Beispiel – Noten als Performance-Prädiktoren

Die Firma CASE – candidate select verfolgt eine weitere Herangehensweise, um Performance auf Stellen vorauszusagen. Die Grundannahme lautet, dass Noten aus dem Studium versteckte Informationen über den Bewerber enthalten. Hierzu muss man das Ranking der Person innerhalb des Studienprogramms und das Ranking des Studienprogramms über alle Studienprogramme hinweg verstehen. CASE bietet eine solche Plattform, die Bewerber im Vergleich zu anderen Absolventen des Studiengangs an der Universität, in Deutschland und Absolventen aller Studiengänge einordnen kann. Die Grundannahme ist dabei, dass eine Leistung über mehrere Jahre sehr zuverlässig auch zukünftige Leistung vorhersagt.
(Quelle: www.candidate-select.de, Zugriff: 24.02.2021).

Im Bereich Personalauswahl kann People Analytics zur Überprüfung der Wirksamkeit von Auswahlverfahren genutzt werden [3]. Hier können zwei Vorgehensweisen helfen: Die erste Vorgehensweise ist eine Überprüfung des Erfolgs vergangener Einstellungsentscheidungen auf unterschiedliche Variablen (z. B. Leistung, Dauer der Unternehmenszugehörigkeit usw.), um daraus Treiber für „erfolgreiche" Einstellungsentscheidungen zu identifizieren. Dies basiert jedoch auf den bereits vorhandenen Profilen im Unternehmen. Die zweite Vorgehensweise ist eine Überprüfung der Validität von Auswahlinstrumenten.

Dies kann unterschiedlich erfolgen, z. B. auf Basis vergangener Einstellungsprozesse oder aber dadurch, dass Bewerber über mehrere Verfahren ausgewählt werden und die Ergebnisse (z. B. Topbewerber, Einstellungsentscheidung) über die verschiedenen Verfahren verglichen werden. Für die Anwendung von People Analytics im Auswahlverfahren könnte somit als ein erster Schritt eine Validierung der Auswahlverfahren stattfinden. So könnten verschiedene Personalauswahlverfahren mittels Regressionsanalyse auf ihre Prognosefähigkeit von Performance oder anderen Leistungsdaten geprüft werden. Mit der Evaluation von Personalauswahlverfahren können People-Analytics-Verfahren einen wesentlichen Beitrag zur Verbesserung des Fits von Bewerbern und Stelle leisten.

Beispiel – Arbeitsproben als Alternative zu Lebensläufen in der Personalauswahl

Die Firma Applied hat es sich zum Ziel gesetzt, die Personalauswahl zu verbessern. Ziel ist es, zu einer diversen Belegschaft beizutragen, indem potenzielle jeweilige Voreingenommenheit im Recruiting-Prozess verringert werden. Hierzu wurde eine CV-basierte Auswahl, eine Assessment-Center-basierte Auswahl und eine blinde, auf Arbeitsproben der Bewerber basierende Auswahl durchgeführt und herausgefunden, dass viele, sehr geeignete Bewerber bei CV-basierten Auswahlprozessen herausfallen.

Als Ergebnis dieser Erkenntnis entwickelt Applied eine auf Arbeitsproben basierende und die Kompetenzen in den Vordergrund stellende Lösung. Ergebnis war, dass 60 % der vorgeschlagenen Kandidaten bei einem normalen CV-basierten Auswahlprozess aus dem Verfahren gefallen wären, gleichzeitig erhöhte sich die Jahresretentionsrate der ausgewählten Kandidaten signifikant.

(Quelle: www.beapplied.com, Zugriff: 24.02.2021).

Beispiel – KI-basierte und kompetenzorientierte Auswahl

Seedlink ist ein auf künstlicher Intelligenz basierendes System, das die Bewerberauswahl unterstützt. Die Firma L'Oréal nutzt es, um Praktikanten auszuwählen. Hierzu werden drei Fragen gestellt, mit Hilfe von künstlicher Intelligenz analysiert und darauf basierend ein Entscheidungsvorschlag für die Recruiter gemacht. Die Fragen selbst basieren auf einem kompetenz-

orientierten Vorgehen und wurden bereits früher in Vorstellungs-
gesprächen genutzt. Somit konnten die Antworten früherer Kandidaten
mit den realen Performance-Werten im Unternehmen abgeglichen werden.
Auf Basis neuronaler Netze wurde das System mit diesen Daten antrainiert
und hat mittlerweile eine prognostische Validität von .70. Damit über-
trifft das System herkömmliche Verfahren bei Weitem. Ein weiterer Vorteil ist die Skalierbarkeit, so erhalten alle Bewerber diese drei Fragen
zur Beantwortung zugeschickt und werden zu einem automatisierten
Vorstellungsgespräch eingeladen. Auf Basis des Lebenslaufs und der
Empfehlung von Seedlink werden dann Vorstellungsgespräche geführt.
(Quelle: https://www.queb.org/blog/ki-und-sprachanalyse-im-recruiting-
loreal-setzt-auf-seedlink/, Zugriff: 24.02.2021).

Für das Retention Management bietet People Analytics ebenfalls ein großes Potenzial [3, 6], denn mit Hilfe von People Analytics
können Kündigungen prognostiziert werden und Kündigungstreiber
identifiziert werden. Im Retention Management können somit zwei
Potenzialbereiche identifiziert werden. Erstens können Analysen
von Kündigungsgründen durchgeführt werden. So kann auf Basis
der Personaldaten und ihrer Verknüpfung mit weiteren Daten wie
Zufriedenheit oder Lebensereignissen herausgefunden werden, was
typische Kündigungsgründe unterschiedlicher Mitarbeitergruppen
sind. Ebenso können versteckte Kündigungsgründe, die in dieser Form
in Exit-Interviews nicht erwähnt werden, analysiert werden. Zusätzlich kann man bei einer Häufung von Kündigungen die sozialen
Netzwerke und die Beziehungen der Kündigenden untereinander analysieren. Zweitens stellt die Prognose individuellen Kündigungsver-
haltens einen weiteren Potenzialbereich dar. In vielen Fällen kann auf
Basis der Kündigungstreiber eine Aussage über kündigungsgefährdete
Personen getroffen werden, diese können angesprochen und durch
weitere Maßnahmen von der Kündigung abgehalten werden. Idealerweise sind diese Kündigungsprognosen mit einer Gewichtung nach
Schlüsselpersonalgruppen und deren Ersatzkosten verknüpft. Damit
kann bei am Markt schwierig zu ersetzendem Personal frühzeitig einer
Kündigung gegengesteuert werden bzw. für Schlüsselpositionen Ersatz-
kandidaten entwickelt werden. Neben klassischen Analysen auf Basis
von Regressionen können auch Verfahren der künstlichen Intelligenz
zur Aufstellung von Treiberbäumen genutzt werden. Beispielsweise zeigt

dies IBM Watson als idealtypischen Einsatzfall anhand eines Daten-
satzes für ein Filialunternehmen. In diesem Fall können mit IBM
Watson Kündigungstreiber über Filialen hinweg verglichen werden und
so Unterschiede der Kündigungsraten erklärt werden.

Beispiel – Reduktion von Fluktuation

In dem global tätigen US-amerikanischen Konzern Nielsen stieg die
Fluktuation von Jahr zu Jahr. Das neu gegründete People-Analytics-Team
machte es sich zur Aufgabe, die Gründe für Fluktuation zu identifizieren
und Verbesserungsvorschläge zu entwickeln.

Eine erste Herausforderung war, dass es über 16 unterschiedliche
Definitionen von Fluktuation im Konzern gab. Daher war ein erster
Schritt für das People-Analytics-Team, die Hoheit über die Definition von
Begriffen und über die Datengovernance, d. h., die Verantwortlichkeit
für die Prozesse zur Sicherstellung von Datenqualität, zu erhalten. Ein
einheitliches Begriffsverständnis und damit auch eine einheitliche Datenerhebung waren Voraussetzung, um robuste Analysen durchführen zu
können. Der Einstieg in die Analyse gelang über den Geschäftsführer einer
größeren Konzerneinheit, der an einer Lösung des Fluktuationsproblems
interessiert war, da seine Einheit mit die höchste Fluktuationsrate im
Konzern hatte. Nachdem dieser Unterstützer gefunden war, konnte die
eigentliche Tätigkeit beginnen.

Als Datengrundlagen wurden eine Personalmanagementsoftware
(SAP) und eine Recruitmentsoftware (Oracle Taleo) genutzt, dabei ana-
lysierte das Team Daten von über 1600 Vollzeitmitarbeitern, die freiwillig
das Unternehmen verlassen hatten. Der Zeitraum dieser Daten orientierte
sich auch an der Datenqualität, da von den letzten 5 ½ Jahren genügend
qualitativ hochwertige Daten für anspruchsvolle Analysen vorlagen. Als
Analysemethode wurde eine Cox-Regression gewählt.

Eine interessante Erkenntnis war, dass Mitarbeiter, denen die Möglichkeit für einen lateralen Karriereschritt in einem anderen Bereich des
Unternehmens gegeben wurde, eine viel geringere Fluktuationswahr-
scheinlichkeit hatten. Dennoch wurden laterale Karrieremöglichkeiten von
Führungskräften selten angeboten. Auf Basis des Fluktuationsmodells ent-
stand dann eine Analyse der finanziellen Auswirkungen von Fluktuation
sowie Vorschläge zu deren Senkung.

Eine zentrale Maßnahme war das Angebot eines lateralen Karriere-
schritts für Mitarbeiter durch Führungskräfte und die Möglichkeit zur
Selbstnominierung von Mitarbeitern für das Programm „Ready to Rotate".
Beide Maßnahmen führten zu einer starken Senkung der Fluktuationsrate.

(Diese Zusammenfassung des Falls beruht auf der Case Study zur Firma
Nielsen im Buch von Guenole et al. [18], dort findet sich auch eine ausführlich dargestellte Fassung des Falles).

Die Beispiele zeigen, dass sowohl im Bereich der Akquisition als auch im Bereich Retention Management People-Analytics-Initiativen dazu beitragen können, bessere Personalmanagementergebnisse zu erzielen. Eine Reduktion der Fluktuation, aufgrund einer Fehlprognose des Fits als auch die Verhinderung ungewollter Fluktuation (unter anderem von Schlüsselpersonal) haben eine positive Auswirkung auf den Employee Lifetime Value bzw. verringern die Kosten für Personalsuche und -einarbeitung. Zudem sind viele für die Analysen notwendige Daten bereits im Unternehmen vorhanden, sodass erste Analyseerfolge schnell erzielt werden können.

4.4   Potenziale von People Analytics in der Performance-Steuerung

Im Bereich Performance-Steuerung liegt ein weiteres großes Potenzial von People Analytics, denn durch eine verbesserte Information über Leistungen und ihre Bedingungen können Arbeitsbedingungen so gestaltet werden, dass die Leistung der Mitarbeiter optimiert wird. Es lassen sich dabei drei größere Potenzialbereiche identifizieren:

1. Messung der Motivation,
2. Messung der Leistung und
3. Optimierung der Leistung.

1. Messung der Motivation
So erlauben es People-Analytics-Verfahren, die Motivation von Mitarbeitern besser zu messen [3]. Es kann beispielsweise auf das jährliche Beurteilungsgespräch verzichtet werden und stattdessen Motivation aus verschiedenen Datenquellen kombiniert gemessen werden. In der Praxis werden hier bereits sogenannte Pulse-Checks genutzt, kurze Umfragen und Bewertungen, die zu verschiedenen Zeitpunkten gestartet werden. Diese ersetzen dann das jährliche Beurteilungsgespräch. Hierdurch entsteht ein genaueres Bild des Engagements und der Motivation des Mitarbeiters im Jahresverlauf, idealerweise werden die Fragestellungen im Rahmen der Employee Journey Map definiert und enthalten über

alle Zeitpunkte vergleichbare Fragen sowie zusätzliche Fragen für die jeweilige Phase innerhalb der Employee Journey. In der Praxis wurde dies bereits einfacher umgesetzt, so wurden den Mitarbeitern am Ende des Arbeitstages drei Smileys eingeblendet (lachend, neutral, traurig), um die Stimmungslage im Unternehmen zu erfassen.

Beispiel – Zonar als 360°-Feedbacktool

Ein negativ in die Schlagzeilen gekommenes Bewertungssystem stellt „Zonar", das System des Online-Händlers Zalando, dar. Zonar ist eine Software zur Mitarbeiterbewertung und Leistungsbeurteilung. Das Prinzip von Sonar ähnelt Bewertungsportalen im Internet: Anhand von Sternen werden Leistungen von Kollegen bewertet. Zwar geben vor allem die direkten Teamkollegen ihre Bewertungen ab, aber grundsätzlich kann abteilungsübergreifend bewertet werden. Neben diesen permanenten Bewertungen werden auch der direkte Vorgesetzte und die direkten Kollegen regelmäßig zur Leistung des jeweiligen Mitarbeiters befragt und aus diesen Daten wird ein Performance-Score entwickelt, der dem Ranking der Mitarbeiter dient. Auf Basis des Rankings können dann die Beschäftigten in unterschiedliche Gruppen zur leistungsbezogenen Vergütung, zur Weiterentwicklung und Fortbildung eingeteilt werden.

Das Programm Zonar basiert dabei auf der Idee des 360°-Feedbacks und der kontinuierlichen Leistungsmessung. Denn statt Leistung zu einem bestimmten Zeitpunkt zu bewerten, wird Leistung kontinuierlich bewertet. Diese andauernde Bewertung ermöglicht ein realistischeres Bild und genauere Performance-Daten als punktuelle und jährliche Beurteilungen. Für die Beschäftigten löst ein solches System aber oft nicht das Gefühl von Transparenz, sondern von Überwachung aus.

(Der Fall basiert auf einer Studie der Hans-Böckler-Stiftung zu Zonar, diese kann bei Staab und Geschke [19] im Detail nachgelesen werden).

---

2. Messung der Leistung

Außerdem können People-Analytics-Verfahren zur Leistungsmessung genutzt werden [20]. Dies ist im Rahmen der in Deutschland geltenden Mitbestimmungs- und Datenschutzgesetze mitbestimmungspflichtig bzw. nur begrenzt möglich. So könnte beispielsweise die Ermüdung von Mitarbeitern bei einer Tätigkeit automatisch überwacht werden und Pausen vorgeschlagen werden (z. B. über Augentracking am PC oder auch über Kameras am Fließband). In Call-Centern oder perspektivisch auch in Filialen von Einzelhändlern könnten Freundlichkeit, Auftreten sowie Verkaufsleistung automatisiert erfasst werden und durch Hinweise optimiert werden (z. B. durch Audio-Analytics). Diese Möglichkeiten deuten auf die Potenziale von People Analytics zur Überwachung und Verhaltenssteuerung hin, die kritisch zu bewerten sind, denn aus diesen Daten können Scoring-Modelle entwickelt werden, die einzelne Mitarbeiter kategorisieren und deren Verhalten prognostizieren. Diese Prognose könnte sich jedoch langfristig auf den Karriereverlauf oder die Kündigung eines Mitarbeiters auswirken und damit schnell zur selbsterfüllenden Prophezeiung werden.

Beispiel – Gesundheitsmanagement durch App-Daten

Die App Keela will Unternehmen helfen, die Gesundheit ihrer Mitarbeiter zu fördern und Burnout zu verhindern. Neben der Messung von Schlafmustern und Erholung werden hierzu Muster in den Telefonaten ausgewertet, um so einen Rückschluss auf erhöhte Stresswerte ziehen zu können. Die App schlägt sowohl den Führungskräften als auch den Mitarbeitern Maßnahmen zur Stressreduktion vor. Dadurch soll einerseits die mentale Resilienz und das Wohlbefinden der Mitarbeiter gesteigert werden, andererseits soll die Produktivität der Mitarbeiter im Job erhöht werden. Problematisch an der App, ähnlich wie an anderen Apps, die sensible personenbezogene Daten verarbeiten, ist die Preisgabe individueller und höchstpersönlicher Daten, da z. B. das Smartphone das Schlafverhalten direkt im Bett misst. Trotzdem erlaubt die App, wie ihr Einsatz bei EY London zeigt, eine deutliche Verbesserung der Leistung in einem Team.
(Quelle: www.soma-analytics.com, Zugriff: 24.02.2021).

Beispiel – toxisches Verhalten identifizieren

Die Firma Riot Games entwickelt das Spiel League of Legends, in dem es darum geht, im Team die gegnerische Basis zu zerstören. Das Spiel wird regelmäßig von ca. 30 Mio. Spielern gespielt. Die größten Probleme für das Spiel erzeugten „toxische" Spieler, die ihre Teamkollegen verbal angriffen (z. B. durch homophobische, rassistische oder sexistische Kommentare). Wenn ein Mitspieler solchen toxischen Spielern bei seinem ersten Spiel begegnete, war die Wahrscheinlichkeit groß, dass er das Spiel nicht weiter nutzen würde.

Eine Hypothese der Personalabteilung war es, dass dieses toxische Verhalten von Kollegen auch einen Teil der Kündigungsgründe in der Firma ausmacht und sich vom Verhalten im Spiel auch auf das Verhalten in realen Teams schließen lässt. Zwar hatte die Firma kein großes Problem mit der Unternehmenskultur, dennoch wurde dieser Zusammenhang untersucht. Dazu wurden die archivierten Chats der Mitarbeiter im Spiel geprüft und es wurde herausgefunden, dass 25 % der Mitarbeiter, die im vorherigen Jahr gekündigt wurden, im Spiel als „toxisch" eingestuft werden konnten. Die am toxischsten eingestuften Mitarbeiter wurden entweder verwarnt oder, wenn sie extrem toxisch waren, entlassen. Mittlerweile werden bei Einstellungen die Verhaltensweisen im Spiel berücksichtigt, um die Einstellung „toxischer" Mitarbeiter zu verhindern. (Quelle: https://rework.withgoogle.com/case-studies/riot-games-assessing-toxicity/, Zugriff: 24.02.2021).

3. Optimierung der Leistung

Außerdem besteht die Möglichkeit, Performance zu optimieren [21]. So können zum Beispiel die Teamzusammensetzungen in einem Unternehmen untersucht werden und geprüft werden, welche Faktoren zur Leistung (z. B. Innovation, Umsatz etc.) beitragen. Hierzu können Daten aus dem ERP-System genutzt werden. Dabei werden bestimmte Daten (z. B. Alter, Geschlecht, Funktion) als Variablen in einem Regressionsmodell auf ihren Zusammenhang mit der Zielvariablen getestet. Zwar wird dabei keine Kausalität nachgewiesen, dennoch kann auf Basis der Erkenntnisse mit der Teamzusammensetzung experimentiert werden und dies als Grundlage dafür genommen werden, um die Teamzusammensetzung für bestimmte Aufgaben zu optimieren. Je feingradiger die Daten über Mitarbeiter vorliegen, desto genauer kann die Optimierung erfolgen. So könnte über sogenannte Sociometric Badges (Minicomputer) Verhalten, wie z. B. Laufwege, Interaktionen oder Stimmungen, aufgezeichnet werden und daraus Optimierungsbedarf für das Organisationsdesign, Gruppenverhalten und Zusammenarbeit abgeleitet werden. Diese feinkörnigen Daten könnten langfristig auch für Echtzeithinweise an Mitarbeiter genutzt werden, auch wenn dies aktuell datenschutz- und mitbestimmungsrechtlich in Deutschland noch nicht möglich ist.

Beispiel – Umsatz optimieren durch Analyse von Personalstrukturen in Filialen

Das HR-Team von Inditex hat seit längerem Interesse, eine tiefergehende Analyse des Verkaufspersonals in den Filialen durchzuführen. Ziel ist es, Eindrücke und Vermutungen systematisch zu überprüfen. Der Zeitpunkt war insofern günstig, als einerseits bereits für Spanien ein gut funktionierendes Kennzahlensystem über das Personal existierte und andererseits ein globales Managementinformationssystem und ERP-System neu eingeführt werden sollten. Die Daten lieferten einen Prototyp für Analysen, der in Zukunft global genutzt werden konnte, sobald er funktionieren sollte.

Die ersten Analysen wurden bei den Filialen von Zara durchgeführt. Als Grundlagendaten existierten filialbezogene Daten (z. B. Öffnungszeiten, Größe, Lage), aber auch stellenbezogene Daten (z. B. Personalschlüssel), personalbezogene Daten (z. B. Beschäftigungsdauer, Alter) und generelle Kennzahlen (z. B. Absentismus). Neben diesen Daten waren weitere leistungsbezogene Daten für Filialen vorhanden: Indikatoren für Effizienz (Umsatz und Anzahl der verkauften Einheiten pro qm) und für Produktivität (Umsatz pro Arbeitsstunde und Anzahl der verkauften Einheiten pro Arbeitsstunde).

Auf dieser Basis und auf Basis der Erkenntnisse, dass stark abweichende Daten (besonders gute oder schlechte Filialen) zwar statistisch problematisch, aber praktisch relevant waren (best oder worst practice), wurde eine Clusteranalyse durchgeführt. Diese ergab drei unterschiedliche Gruppen, zusätzlich wurde über die Zeit analysiert, wie sich einzelne Filialen zwischen den Gruppen bewegten.

Im nächsten Schritt wurde nun mit einem Regressionsmodell auf Basis von HR-bezogenen Variablen eine Prognose der Leistung von Filialen durchgeführt. Hier kam beispielsweise heraus, dass zusätzliche Verkaufsleiter den Umsatz signifikant erhöhten und dies doppelt so stark als einfache Verkäufer. Diese Analysen wurden dann auf andere Ketten im Inditex-Konzern übertragen.

(Diese Zusammenfassung des Falls beruht auf der Case Study zur Firma Inditex von Simón und Ferreiro [22], dort findet sich auch eine ausführlich dargestellte Fassung des Falles).

Insgesamt weist die Performance-Steuerung erhebliche Potenziale für den Einsatz von People Analytics auf. Gerade eine höhere Verfügbarkeit von Verhaltensdaten und Zusammenhängen zwischen Verhaltensweisen und deren Auswirkungen auf Leistungen wie Umsatz, Innovationen etc. hat eine hohe Bedeutung zur Ausrichtung von Mitarbeitern auf die Strategie.

4.5 Potenziale von People Analytics in der Personalentwicklung und Laufbahnplanung.

Sowohl in der Entwicklung von Personal als auch in der Laufbahnplanung gibt es erste Anwendungsfälle für People Analytics. Gerade für das Thema Personalentwicklung spielt die Erfassung und Prognose von Fähigkeiten, aber auch der Einsatz von Analytics zur Überprüfung von Lernergebnissen eine wichtige Rolle. Im Rahmen der Laufbahnplanung und damit der Karriereentwicklung von Mitarbeitern können auch erste kleinere Anwendungen zum Vorschlag von Karrierepfaden identifiziert werden.

Ein hohes Potenzial bietet die automatisierte und kontinuierliche Analyse bestehender individueller Kompetenzen und zukünftig notwendiger Kompetenzen. Dabei ist es das Ziel, die bestehenden individuellen Kompetenzen durch die passende Weiterbildung an die zukünftigen Kompetenzbedarfe des Unternehmens anzupassen. Eine solche Transformation von Fähigkeiten setzt dabei voraus, dass die Kompetenzen der Mitarbeiter erfasst und kategorisiert werden. Aber es wird ebenfalls vorausgesetzt, dass das Unternehmen seine Strategie in Soll-Kompetenzen für die Mitarbeiter – abgeleitet aus internen und externen Prognosen – umsetzt. Auf Basis dieser Informationen können dann Empfehlungsalgorithmen automatisiert Weiterbildungen empfehlen. Typischerweise können zukünftige Kompetenzprofile durch automatisierte Analysen von Stellenausschreibungen besonders innovativer Unternehmen generiert werden, für die Kompetenzprofile der Mitarbeiter können Daten aus sozialen Netzwerken, Lebensläufen und Projekten kombiniert werden.

> **Beispiel – Kompetenzen klassifizieren**
>
> OPENSKIMR ist das Ergebnis eines EU-geförderten Projekts zur Erstellung von Kompetenzanalysen, Jobmatching und Vorschlägen zur individuellen Weiterbildung. Basierend auf dem Europäischen Kompetenzklassifizierungssystem ESCO sind ungefähr 13.000 Skills aus über 3000 Berufen am Arbeitsmarkt systematisch erfasst, es werden außerdem Qualifikationen als formale Ergebnisse eines Prüfungsprozesses erfasst. OPENSKIMR erfasst nun die Kompetenzen einer Person auf Basis der ESCO-Klassifikation und matcht sie mit Kompetenzen von Job-Anzeigen, die ebenfalls nach ESCO-Standards annotiert sind. Darüber hinaus werden auf Basis aufgezeigter Kompetenzlücken zwischen Person und Stelle Weiterbildungen vorgeschlagen.
> (Quelle: www.openskimr.eu, Zugriff: 24.02.2021).

Ein weiteres Potenzial von People Analytics stellt die Überprüfung der Wirksamkeit von Weiterbildung dar (z. B. Learning Dashboards). Auf Basis der Daten von Lernmanagementsystemen können Fortschritte der Bearbeitung von Kursen, der Grad des Engagements mit Inhalten, die Verweildauer bei einzelnen Angeboten und die Bestehensquote in Wissensüberprüfungen angezeigt werden. Auf Basis dieser Daten können Teilnehmer geclustert werden, ihre Bestehenswahrscheinlichkeit berechnet, aber auch mögliche weitere Vertiefungen bzw. Erweiterungen oder sogar Lernpfade vorgeschlagen werden. Außerdem helfen Learning Analytics, Rückmeldungen über Erfolgsfaktoren von Weiterbildungen zu geben und die Wahrscheinlichkeit des Bestehens von Tests anhand verschiedener Einflussfaktoren zu schätzen. Insgesamt sind Learning Analytics in der betrieblichen Weiterbildung noch wenig verbreitet, aber immer mehr Anbieter überbetrieblicher Online-Fortbildungen greifen darauf zurück. In der Zukunft wird es aber auch notwendig sein, die Inhalte der Trainings und Verhaltensänderungen im Alltag zusammenzubringen.

Beispiel – Evaluation von Personalentwicklungsprozessen

Ein simples Beispiel, wie Analytics Lernprozesse prüfen kann, liefert Fujitsu SSL. Dort startete ein umfangreiches Transformationsprojekt. Ein Teil des Projekts basierte darauf Personal, über sogenanntes Peer Coaching zu entwickeln.

Für das Management stellte sich die Frage, ob das Peer Coaching im Großen und Ganzen überhaupt etwas brachte und Lernergebnisse zu sehen waren. Daher stellten sich vier Fragen:

1. Liefern Geschäftsfelder, die mehr Peer Coaching einsetzten, bessere Ergebnisse als Geschäftsfelder, die wenig Peer Coaching einsetzten?
2. Wie bewerten Führungskräfte das Peer-Coaching-Angebot?
3. Wie war die Leistung von Mitarbeitern, die daran teilnahmen?
4. Wie hat das Peer Coaching die Mitarbeiterzufriedenheit beeinflusst?

Im Grunde war für die Beantwortung dieser Fragen keine große Menge an Daten notwendig: nur die Finanzergebnisse der Geschäftsfelder, die Leistungsbewertungen der Mitarbeiter sowie die Zufriedenheit der Mitarbeiter und Daten zur Teilnahme am Programm. Einzig für die Einschätzung der Peer-Coaching-Angebote durch Führungskräfte mussten Daten erhoben werden.

Zwar konnten auf Basis der vorhandenen Daten keine kausalen Zusammenhänge geprüft werden, aber es wurden starke positive Korrelationen der Teilnahme am Trainingsprogramm mit Zufriedenheit, Leistung der Mitarbeiter und besseren Ergebnissen der Geschäftsfelder festgestellt. Damit konnte die Entscheidung, das Programm weiterzuverfolgen, auf jeden Fall begründet werden.

Im speziellen Fall hatte Fujitsu SSL die Daten über fast neun Jahre gesammelt, daher konnten sich die Ergebnisse der Entwicklungsmaßnahmen auch in den Daten zeigen, kurzfristige Ergebnisse wären mit diesem Ansatz nicht möglich gewesen. Außerdem wurde hier der Wert der Maßnahmen nicht bewiesen, aber es wurden genügend Indizien für ihre Wirksamkeit aufgezeigt.

(Quelle: https://www.visier.com/clarity/fujitsu-ssl-used-analytics-learning-development/, Zugriff: 24.02.2021).

Betrachtet man neben Learning Analytics auch den Einsatz von Analytics für Laufbahnen, können unterschiedliche Anwendungsfelder erkannt werden. Einerseits können anhand von Analytics typische Laufbahnen im Unternehmen identifiziert und darauf basierend Prognosen von Personalengpässen durchgeführt werden (siehe auch Abschn. 4.2).

Kennzahlen	Kennzahlensystem globale Mobilität (beispielhafte Kennzahlen)		
	Rückblick	Einsicht	Voraussicht
Wertbeitrag	• Anzahl der Assignments, die Ziele erfüllt haben	• Anstieg oder Rückgang nach Region oder Geschäftsfeld	• Eigenschaften erfolgreicher Entsendungen
Talent	• Retentionquote zwei Jahre nach Entsendung	• Verfügbarkeit passender Rollen und Beförderungsmöglichkeiten nach dem Assignment	• Karriereplanung • Eigenschaften erfolgreicher Kandidaten
Dienstleistung	• Kundenzufriedenheit	• Einfluss auf Produktivität	• Interventionen in Entsendungen
Operatives	• Globale Turnover-Quoten von Entsendungen	• Verbesserung der Retention	• Neuausrichtung von Mobilitätsprogrammen
Finanzen	• Kosten pro Entsendung	• Geplante vs. reale Kosten	• Auslastung des Programms
Prozess	• Anzahl fehlerhafter Zahlungen	• Genauigkeit der zur Verfügung gestellten Informationen	• Regelmäßige Status-Updates

Strategische Bedeutung (vertikale Achse)

Anspruch an Daten und Analysen (horizontale Achse)

Abb. 4.4 Analytics-Kennzahlen Globale Mobilität. (Eigene Abbildung basierend auf [23])

Außerdem können Engpassfaktoren für Karrieren von Frauen, Minderheiten oder anderen unterrepräsentierten Personengruppen identifiziert werden. Andererseits können Analytics auch im Bereich Karriere genutzt werden, um Mitarbeitern auf Basis von bestehenden Kompetenzen und Jobanforderungen mögliche Karrierepfade vorzuschlagen. So können – ähnlich wie in LinkedIn – Vorschläge und Passgenauigkeitsprognosen für Stellen und Karrieren angeboten werden. Aber es kann auch gezeigt werden, welche Karriereschritte innerhalb der Organisation jenseits des aktuellen Karrierepfades möglich sind (s. Abb. 4.4). Insgesamt kann hier aber auch von einem frühen Stadium von Analytics-Anwendungen gesprochen werden.

Beispiel – Analyse von internationalen Entsendungen

Ein Beispiel für Möglichkeiten von Career-Analytics stellt der Einsatz im Rahmen von internationalen Entsendungen dar. Die Firma Deloitte hat hierzu Analysen entwickelt, die sowohl die Effektivität von Entsendungen als auch deren strategisches Alignment messen. Dazu werden Kennzahlen im Bereich Prozess, Finanzen, Operatives, Dienstleistung, Talent und Wertbeitrag in einem Framework gemessen. Diese Kennzahlen werden sowohl für vergangenheitsbezogene Erkenntnisse als auch für Prognosen aufgestellt, aber es werden auch Entwicklungen bei aktuellen Entsendungen analysiert. Auf diese Weise kann der Einfluss von Entsendungen auf das Geschäft quantifiziert werden.

Für den Bereich Karriere werden hier vor allem Themen wie Bindung nach der Entsendung oder Veränderungen im Potenzial des Kandidaten untersucht. Außerdem werden auf Basis von Analytics Vorschläge für die besten Karriereoptionen nach der Entsendung entwickelt und es werden auch Kriterien für erfolgreiche Entsendungen definiert. (Quelle: [23]).

4.6 Zusammenfassung

Insgesamt weisen People-Analytics-Instrumente ein hohes Potenzial für alle Handlungsfelder des Personalmanagements auf. So können sie zu wesentlich besseren Informationen über das Personal beitragen und entsprechend die Entscheidungsgrundlage des Personalmanagements und der Führungskräfte verbessern. Das größte Potenzial von People Analytics liegt in der besseren Informationsgrundlage aller Personalmanagementfunktionen und einer Verknüpfung mit der Employee Journey Map. Darauf basierend können die Simulation von Personalbestandsveränderungen, die Exploration von Fähigkeiten und eine optimierte Personaleinsatzplanung als wichtige Potenzialbereiche in der strategischen Personalplanung genannt werden. Für das Recruiting, die Personalauswahl und das Retention Management sind Prognosen über zukünftiges Verhalten und Fit eine wichtige Informationsquelle, aber auch die Prüfung der Wirksamkeit von Personalmaßnahmen ist zu nennen. Das bisher am wenigsten genutzte, aber mit dem größten Potenzial versehene Handlungsfeld für People Analytics stellt die Performance-Steuerung durch Messung der Motivation, Leistung und Optimierung von Performance dar. Im Bereich Personalentwicklung und Karrieremanagement weisen personalisierte Empfehlungen ein hohes Potenzial zur Verbesserung von Entwicklungsmaßnahmen auf. Dennoch befinden sich sowohl Verfahren als auch Instrumente in einer frühen Phase der Entwicklung und können noch nicht als Standardinstrumente betrachtet werden. Die genauen Instrumente und Methoden sowie die daraus resultierenden Key-Performance-Indikatoren und Kennzahlensysteme werden sich erst in den nächsten Jahren konsolidieren. Insgesamt zeigen die ersten Anwendungen Möglichkeiten auf, datengetriebene Analysen im Personalmanagement fest zu etablieren und dabei auch neue digitale Wege zu beschreiten.

Ihr Transfer in die Praxis

- Beginnen Sie damit, sich Gedanken über die Employee Journey in Ihrer Organisation Gedanken zu machen.
- Zeichnen Sie eine Employee Journey Map auf.
- Für welche Schritte der Employee Journey existieren bereits Kennzahlen, an welchen Stellen herrscht Informationsbedarf?
- Wenden Sie das Konzept des Employee Lifetime Value auf Ihre Vertriebsmitarbeiter an? Auf welche Mitarbeitergruppen kann es noch transferiert werden?
- Gibt es entscheidende Wendepunkte in der Employee Journey, die sie verändern müssen, um den Employee Lifetime Value zu optimieren?
- Überlegen Sie sich, inwiefern Sie Ihre strategische Personalplanung auf Basis von Simulationen verbessern können?
- Kennen Sie wesentliche Anforderungen an Skills und ihre Existenz in der Belegschaft? Haben Sie Zugriff auf Daten zu den Fähigkeiten?
- Kennen Sie Gründe für Kündigungen? Analysieren Sie Treiber auf Basis Ihrer Mitarbeiterbefragungen.
- Analysieren Sie Erfolgsquoten Ihrer Personalmarketingmaßnahmen und Ihrer Auswahlmaßnahmen.
- Analysieren Sie deskriptiv die Zusammensetzung von erfolgreichen Teams. Was können Sie lernen?
- Analysieren Sie den Erfolg Ihrer Weiterbildungsangebote.
- Etablieren Sie aus den funktionierenden Anwendungen ein kleines Dashboard.

Literatur

1. Kaiser, S., & Loscher, G. (2017). People Analytics – Die Zukunft des Personalmanagements. In H. Surrey & V. Tiberius (Hrsg.), *Die Zukunft des Personalmanagements: Herausforderungen, Lösungsansätze und Gestaltungsoptionen* (S. 203–214). Vdf Hochschulverlag AG.
2. Ringlstetter, M., & Kaiser, S. (2008). *Humanressourcen-management*. De Gruyter Oldenbourg.
3. West, M. (2019). *People analytics for dummies*. Wiley-VCH.
4. Navin, P., & Creelman, D. (2018). *The CMO of people. Manage employees like customers with an immersive predictable experience that drives productivity and performance*. De Gruyter.
5. Tursunbayeva, A., Di Lauro, S., & Pagliari, C. (2018). People analytics—a scoping review of conceptual boundaries and value propositions. *International Journal of Information Management, 43*, 224–247.
6. Edwards, M. R., & Edwards, K. (2019). *Predictive HR analytics: Mastering the HR metric*. Kogan Page Publishers.
7. Größler, A., & Zock, A. (2010). Supporting long-term workforce planning with a dynamic aging chain model: A case study from the service industry. *Human Resource Management, 49*(5), 829–848.
8. Wilson, M. A., DePass, A. L., & Bean, A. J. (2018). Institutional interventions that remove barriers to recruit and retain diverse biomedical PhD students. *CBE—Life Sciences Education, 17* (2), ar27.
9. Zhao, M., Javed, F., Jacob, F., & McNair, M. (2015). SKILL: A system for skill identification and normalization. *Twenty-Seventh IAAI Conference*.
10. Horesh, R., Varshney, K. R., & Yi, J. (2016). Information retrieval, fusion, completion, and clustering for employee expertise estimation. *IEEE International Conference on Big Data*.
11. Gugnani, A., & Misra, H. (2020). Implicit skills extraction using document embedding and its use in job recommendation. *AAAI*.
12. Golec, A., & Kahya, E. (2007). A fuzzy model for competency-based employee evaluation and selection. *Computers & Industrial Engineering, 52*(1), 143–161.
13. Berk, L., Bertsimas, D., Weinstein, A. M., & Yan, J. (2019). Prescriptive analytics for human resource planning in the professional services industry. *European Journal of Operational Research, 272*(2), 636–641.
14. Hematian, M., Mehdi Seyyed Esfahani, M., Mahdavi, I., Mahdavi-Amiri, N., & Rezaeian, J. (2020). A multiobjective integrated multiproject

scheduling and multiskilled workforce assignment model considering learning effect under uncertainty. *Computational Intelligence, 36*(1), 276–296.

15. Reindl, C., & Krügl, S. (2017). *People Analytics in der Praxis – inkl. Arbeitshilfen online: Mit Datenanalyse zu besseren Entscheidungen im Personalmanagement.* Freiburg: Haufe Lexware GmbH.

16. Van der Laken, P., Bakk, Z., Giagkoulas, V., van Leeuwen, L., & Bongenaar, E. (2018). Expanding the methodological toolbox of HRM researchers: The added value of latent bathtub models and optimal matching analysis. *Human Resource Management, 57*(3), 751–760.

17. Schmoll, R., & Bader, V. (2019). Who or what screens which one of me? The differential effects of algorithmic social media screening on applicants' job pursuit intention. *ICIS.*

18. Guenole, N., Ferrar, J., & Feinzig, S. (2017). *The power of people: Learn how successful organizations use workforce analytics to improve business performance.* Pearson Education.

19. Staab, P., & Geschke, S. C. (2020). *Ratings als Arbeitspolitisches Konfliktfeld: Das Beispiel Zalando* (No. 429). Study der Hans-Böckler-Stiftung.

20. Pentland, A. (2015). *Social physics: How social networks can make us smarter.* Penguin.

21. Huselid, M. A. (2018). The science and practice of workforce analytics: Introduction to the HRM special issue. *Human Resource Management, 57*(3), 679–684.

22. Simón, C., & Ferreiro, E. (2018). Workforce analytics: A case study of scholar–practitioner collaboration. *Human Resource Management, 57*(3), 781–793.

23. Grillo, M., & Hackett, A. (2015). What types of predictive analytics are being used in talent management organizations? http://digitalcommons.ilr.cornell.edu/student/74. Zugegriffen: 22. Aug. 2020.

5

Fazit

People Analytics wird als eine wesentliche Innovation innerhalb des Personalmanagements gesehen. In diesem Buch wurden daher die Chancen von People Analytics für das Personalmanagement und erste Anwendungsfelder überblicksartig beschrieben. Der Kerngedanke dabei war, dass das Personalmanagement durch die mittels People Analytics entstehende Transparenz sowie Quantifizierung von Personalentscheidungen eine höhere Bedeutung für das Management von Unternehmen erlangt. Auch wenn frühere Versuche der Quantifizierung gescheitert sind, hat People Analytics in Verbindung mit der Digitalisierung gute Chancen, einen starken Kulturwandel des Personalmanagements anzustoßen.

Mit dem Einzug von Data Scientists in die Personalarbeit werden existierende Praktiken und Maßnahmen stärker durch datenbasierte Evidenz hinterfragt. Diese Vorgehensweise ist in anderen Unternehmensfunktionen lange etabliert und entspricht auch den Erwartungen des Managements. Durch diese Darstellung von Personalsachverhalten in der Sprache des Managements gewinnt die Personalabteilung eine höhere Bedeutung für Managemententscheidungen. Zukünftig könnten traditionelle Personalmanager ohne datenbasierte

G. Loscher, *Quick Guide People Analytics,* Quick Guide, https://doi.org/10.1007/978-3-658-34731-4_5

Steuerung an Einfluss gegenüber datengetriebenen und innovativen Personalmanagern verlieren, sodass es – auch bedingt durch die Verbreitung von Standardvorgehensweisen, Softwareprodukten und Personalern mit People-Analytics-Kenntnissen – zu einer Veränderung der Personalmanagementfunktion kommen wird.

Trotz der aktuell noch in den „Kinderschuhen" steckenden Veränderung kann People Analytics in der betrieblichen Praxis erste Anwendungserfolge aufweisen. Neben Einzelprojekten auf Basis sozialwissenschaftlicher Methoden zum Aufzeigen von Vorteilen von Analytics im Personal existieren auch erste prototypische, aber skalierbare Projekte auf Basis von Big-Data-Verfahren. Auch wenn die Reifegrade in den Unternehmen noch sehr unterschiedlich sind, weist die Verbesserung der informatorischen Grundlage für Entscheidungen im Zusammenhang mit dem Personal ein hohes Potenzial in den verschiedenen Handlungsfeldern wie strategische Personalplanung, Akquisition, Retention Management und Performance-Steuerung auf.

Momentan stehen die ersten Softwarelösungen bereit, es setzt sich eine kritische Masse an Personalern mit der Thematik auseinander und das Thema schlägt sich in den Curricula der Berufs- und Hochschulausbildung nieder. So kann People Analytics auch als strategischer Bestandteil einer Transformation des Personalmanagements gesehen werden, denn durch den Bezug auf eine systematische Wissensbasis und ihre Anwendung auf Problemfälle des Personalmanagements leistet People Analytics einen wichtigen Beitrag zur Professionalisierung des Berufs. Außerdem kann People Analytics aufgrund der engen Verknüpfung mit Fragestellungen der Datengrundlagen, Datenerhebung und auch Auswertung einen Beitrag zur Digitalisierung des Personalmanagements leisten, in dem es Anstoß für die Überprüfung der Systemlandschaft, Nutzerfreundlichkeit und bereitgestellten Dashboards liefert. Insgesamt kann somit festgestellt werden, dass People Analytics ein Teil der Datafizierung des Managements ist, vor dem sich auch die Personalabteilung nicht verschließen kann.

Trotz dieser großen Potenziale und den vielfältigen Anwendungsmöglichkeiten ist es für Personalmanager wichtig, sich dessen bewusst zu bleiben, dass auch durch Analytics fundierte Kennzahlen eine Unsicherheit nicht gänzlich auflösen, denn im Umgang mit Menschen bleiben solche Unsicherheiten und daraus entstehende Komplexität von Entscheidungssituationen präsent. Es können mehrere Sichtweisen auf Probleme existieren, die Veränderung mehrerer komplexer Wirkungszusammenhänge kann zur Problemlösung nötig sein, es muss auf Verhaltensänderungen von Mitarbeitern reagiert werden oder es muss auch mit irrationalen Verhaltensweisen gerechnet werden. Auch wenn People Analytics dabei hilft, bestehende Zusammenhänge aufzudecken, Entscheidungen durch Daten zu untermauern und dadurch Entscheidungen des Personalmanagements aufzuwerten, bleibt es trotzdem dem Urteilsvermögen und der Entscheidungsfähigkeit von Personalern überlassen, diese auch zu treffen, einzuordnen und gegenüber dem Management zu verantworten.